킹왕짱 부수박사

3탄

부수학습의 완성 72자

이 책의 특징

기초 탄탄 학습

한자를 학습하는데 가장 기초가 되는 것이 바로 부수입니다. 부수는 한글의 자음과 모음이나 영어의 알파벳에 해당합니다. 부수로 한자의 기초를 세우면 한 번에 많은 한자를 체계적이고 효율적으로 익힐 수 있는 큰 힘을 발휘합니다.

일석이조 학습

부수는 모두 214자입니다. 한 번에 학습하기에는 적지 않은 양입니다. 그래서 아이들이 짧은 시간 안에 효과적으로 학습할 수 있도록 한국어문회에서 주관하는 한자능력검정시험의 배정한자와 연계시켰습니다.

초등학생 권장 급수인 4급 배정한자에 맞춰 부수 학습의 차례를 정하여 주제별로 학습할 수 있게 구성하였습니다. 부수 학습과 동시에 급수 한자를 학습할 수 있어 일석이조의 효과를 거둘 수 있습니다.

킹왕짱 부수박사 1탄과 2탄을 학습하면 5급 학습이 완성되며, 3탄을 학습하면 4급 학습이 완성됩니다.

자기주도적 학습

아이 스스로 하는 학습보다 더 효과적인 학습은 없습니다. 킹왕짱 부수박사는 아이들의 눈높이에 맞춘 설명과 시원시원한 디자인 구성, 만화와 그림 등을 통해 아이 스스로 한자를 학습하는데 어려움이 없도록 만들었습니다.

아이 스스로 계획을 세워 매일 정해진 분량대로 학습할 수 있도록 학부모님은 그날그날 학습한 내용을 확인하여 학습이 지속적으로 이루어질 수 있도록 격려해 주십시오.

이 책의 학습 방법

1 부수 학습하기

부수를 그림과 유래 등을 통하여 다양한 방법으로 학습합니다. 또한, 중국에서 사용하는 한자도 비교 학습할 수 있습니다.

2 부수 학습 확장하기

학습한 부수로 만들어진 4급 배정한자들을 살펴보면서 부수의 의미를 한자와 연관시켜 학습합니다.

3 부수 100% 익히기

부수를 필순에 맞게 직접 쓰면서 머릿속에 꼭꼭 되새깁니다.

4 학습 확인하기

학습한 한자를 얼마만큼 이해하고 익혔는지 문제를 풀면서 확인해 봅니다.

5 급수한자 익히기

학습한 부수로 만들어진 한자 중 4급 배정한자를 쓰기노트를 활용하여 학습합니다.

차례

4급II·4급 고유한자 500자

ㄱ	街 거리 가	假 거짓 가	暇 겨를 가	覺 깨달을 각	刻 새길 각	簡 간략할 간	干 방패 간	看 볼 간	敢 감히 감
	甘 달 감	減 덜 감	監 볼 감	甲 갑옷 갑	講 강론할 강	降 내릴 강	康 편안할 강	個 낱 개	據 근거 거	拒 막을 거
	居 살 거	巨 클 거	傑 뛰어날 걸	檢 검사할 검	儉 검소할 검	激 격할 격	擊 칠 격	犬 개 견	堅 굳을 견	潔 깨끗할 결
	缺 이지러질 결	鏡 거울 경	慶 경사 경	更 고칠 경	經 글 경	傾 기울 경	警 깨우칠 경	驚 놀랄 경	境 지경 경	戒 경계할 계
	季 계절 계	鷄 닭 계	係 맬 계	階 섬돌 계	系 이을 계	繼 이을 계	庫 곳집 고	故 연고 고	孤 외로울 고	穀 곡식 곡
	困 곤할 곤	骨 뼈 골	孔 구멍 공	攻 칠 공	管 대롱 관	官 벼슬 관	鑛 쇳돌 광	求 구할 구	句 글귀 구	構 얽을 구
	究 연구할 구	群 무리 군	君 임금 군	屈 굽힐 굴	窮 다할 궁	宮 집 궁	權 권세 권	勸 권할 권	券 문서 권	卷 책 권
	歸 돌아갈 귀	均 고를 균	極 극진할 극	劇 심할 극	勤 부지런할 근	筋 힘줄 근	禁 금할 금	器 그릇 기	奇 기특할 기	紀 벼리 기
	寄 부칠 기	起 일어날 기	機 틀 기	ㄴ	暖 따뜻할 난	難 어려울 난	納 들일 납	怒 성낼 노	努 힘쓸 노	ㄷ

斷	端	段	檀	單	達	擔	黨	帶	隊
끊을 단	끝 단	층계 단	박달나무 단	홑 단	통달할 달	멜 담	무리 당	띠 대	무리 대
逃	盜	徒	導	督	毒	銅	斗	豆	得
달아날 도	도둑 도	무리 도	인도할 도	감독할 독	독 독	구리 동	말 두	콩 두	얻을 득
燈	己	羅	卵	亂	覽	略	兩	糧	麗
등불 등		벌릴 라	알 란	어지러울 란	볼 람	간략할 략	두 량	양식 량	고울 려
慮	連	烈	列	錄	論	龍	留	柳	輪
생각할 려	이을 련	매울 렬	벌일 렬	기록 록	논할 론	용 룡	머무를 류	버들 류	바퀴 륜
律	離	ㅁ	滿	妹	脈	勉	鳴	模	毛
법칙 률	떠날 리		찰 만	누이 매	줄기 맥	힘쓸 면	울 명	본뜰 모	털 모
牧	妙	墓	舞	武	務	味	未	密	ㅂ
칠 목	묘할 묘	무덤 묘	춤출 무	호반 무	힘쓸 무	맛 미	아닐 미	빽빽할 밀	
博	拍	髮	防	房	妨	訪	背	拜	配
넓을 박	칠 박	터럭 발	막을 방	방 방	방해할 방	찾을 방	등 배	절 배	짝 배
罰	伐	犯	範	壁	邊	辯	步	普	寶
벌할 벌	칠 벌	범할 범	법 범	벽 벽	가 변	말씀 변	걸음 보	넓을 보	보배 보
報	保	複	復	伏	府	婦	副	富	否
알릴 보	지킬 보	겹칠 복	회복할 복	엎드릴 복	마을 부	며느리 부	버금 부	부자 부	아닐 부
負	粉	憤	佛	備	飛	碑	批	秘	悲
질 부	가루 분	분할 분	부처 불	갖출 비	날 비	비석 비	비평할 비	숨길 비	슬플 비
非	貧	ㅅ	辭	謝	私	師	絲	射	寺
아닐 비	가난할 빈		말씀 사	사례할 사	사사로울 사	스승 사	실 사	쏠 사	절 사

舍	散	殺	傷	常	床	想	象	狀	宣
집 사	흩을 산	죽일 살	다칠 상	떳떳할 상	상 상	생각 상	코끼리 상	형상 상	베풀 선
設	舌	星	聖	盛	聲	城	誠	細	稅
베풀 설	혀 설	별 성	성인 성	성할 성	소리 성	재 성	정성 성	가늘 세	세금 세
勢	素	掃	笑	屬	續	俗	損	頌	送
형세 세	본디 소	쓸 소	웃음 소	붙일 속	이을 속	풍속 속	덜 손	기릴 송	보낼 송
松	收	修	受	秀	授	守	叔	肅	純
소나무 송	거둘 수	닦을 수	받을 수	빼어날 수	줄 수	지킬 수	아재비 숙	엄숙할 숙	순수할 순
崇	承	施	視	詩	試	是	息	申	深
높을 숭	이을 승	베풀 시	볼 시	시 시	시험 시	옳을 시	쉴 식	납 신	깊을 심
氏	ㅇ	眼	暗	壓	液	額	樣	羊	嚴
성 씨		눈 안	어두울 암	누를 압	액체 액	이마 액	모양 양	양 양	엄할 엄
如	餘	與	逆	易	域	研	鉛	延	煙
같을 여	남을 여	더불 여	거스를 역	바꿀 역	지경 역	갈 연	납 연	늘일 연	연기 연
緣	燃	演	營	迎	映	榮	豫	藝	誤
인연 연	탈 연	펼 연	경영 영	맞을 영	비칠 영	영화 영	미리 예	재주 예	그르칠 오
玉	往	謠	容	優	遇	郵	源	援	圓
구슬 옥	갈 왕	노래 요	얼굴 용	뛰어날 우	만날 우	우편 우	근원 원	도울 원	둥글 원
怨	員	委	圍	慰	威	危	衛	爲	遺
원망할 원	인원 원	맡길 위	에워쌀 위	위로할 위	위엄 위	위태할 위	지킬 위	할 위	남길 유
遊	儒	乳	肉	隱	恩	陰	應	儀	義
놀 유	선비 유	젖 유	고기 육	숨을 은	은혜 은	그늘 음	응할 응	거동 의	옳을 의

議	疑	依	異	移	益	引	印	認	仁
의논 의	의심할 의	의지할 의	다를 이	옮길 이	더할 익	끌 인	도장 인	알 인	어질 인
ㅈ	姿	姉	資	殘	雜	裝	障	張	帳
	모양 자	손윗누이 자	재물 자	남을 잔	섞일 잡	꾸밀 장	막힐 장	베풀 장	장막 장
將	壯	腸	低	底	績	敵	賊	適	籍
장수 장	장할 장	창자 장	낮을 저	밑 저	길쌈 적	대적할 적	도적 적	맞을 적	문서 적
積	轉	錢	田	專	折	絶	點	占	接
쌓을 적	구를 전	돈 전	밭 전	오로지 전	꺾을 절	끊을 절	점 점	점칠 점	이을 접
整	靜	程	丁	政	精	濟	提	除	際
가지런할 정	고요할 정	길 정	장정 정	정사 정	정할 정	건널 제	끌 제	덜 제	사이 제
帝	制	祭	製	條	助	鳥	早	潮	造
임금 제	절제할 제	제사 제	지을 제	가지 조	도울 조	새 조	이를 조	조수 조	지을 조
組	尊	存	宗	鐘	從	座	走	周	朱
짤 조	높을 존	있을 존	마루 종	쇠북 종	좇을 종	자리 좌	달릴 주	두루 주	붉을 주
酒	竹	準	衆	增	證	指	持	誌	志
술 주	대 죽	준할 준	무리 중	더할 증	증거 증	가리킬 지	가질 지	기록할 지	뜻 지
至	支	智	職	織	進	盡	珍	陣	眞
이를 지	지탱할 지	지혜 지	직분 직	짤 직	나아갈 진	다할 진	보배 진	진칠 진	참 진
ㅊ	差	次	讚	察	創	採	冊	處	泉
	다를 차	버금 차	기릴 찬	살필 찰	비롯할 창	캘 채	책 책	곳 처	샘 천
廳	聽	請	招	總	銃	推	蓄	築	縮
관청 청	들을 청	청할 청	부를 초	다 총	총 총	밀 추	모을 축	쌓을 축	줄일 축

蟲	忠	取	就	趣	測	層	治	置	齒
벌레 충	충성 충	가질 취	나아갈 취	뜻 취	헤아릴 측	층 층	다스릴 치	둘 치	이 치
針	寢	侵	稱	ㅋ	快	ㅌ	歎	彈	脫
바늘 침	잘 침	침노할 침	일컬을 칭		쾌할 쾌		탄식할 탄	탄알 탄	벗을 탈
探	態	擇	討	統	痛	退	投	鬪	ㅍ
찾을 탐	모습 태	가릴 택	칠 토	거느릴 통	아플 통	물러갈 퇴	던질 투	싸움 투	
派	破	波	判	篇	評	閉	砲	布	胞
갈래 파	깨뜨릴 파	물결 파	판단할 판	책 편	평할 평	닫을 폐	대포 포	베 포	세포 포
包	爆	暴	票	標	豊	疲	避	ㅎ	恨
쌀 포	불터질 폭	사나울 폭	표 표	표할 표	풍년 풍	피곤할 피	피할 피		한 한
閑	限	抗	航	港	解	核	鄕	香	虛
한가할 한	한할 한	막을 항	배 항	항구 항	풀 해	씨 핵	시골 향	향기 향	빌 허
憲	驗	險	革	顯	賢	血	協	刑	惠
법 헌	시험 험	험할 험	가죽 혁	나타낼 현	어질 현	피 혈	화할 협	형벌 형	은혜 혜
護	呼	好	戶	或	混	婚	紅	華	貨
도울 호	부를 호	좋아할 호	집 호	혹 혹	섞일 혼	혼인할 혼	붉을 홍	빛날 화	재물 화
確	環	歡	況	回	灰	候	厚	揮	吸
굳을 확	고리 환	기쁠 환	상황 황	돌아올 회	재 회	기후 후	두터울 후	휘두를 휘	마실 흡
興	喜	希	漿						
일어날 흥	기쁠 희	바랄 희	장려할 장						

제  장 4급 배정한자 학습을 완성시키는 부수 30자

01. 사람을 보고 만들었어요

 사람의 혀와 이, 머리카락 등을 보고 만든 부수입니다. 사람의 모습과 비교하며 부수를 익혀 보세요.

舌	齒	甘	疋	舛
혀 설	이 치	달 감	발 소	어그러질 천
尢	殳	鬥	走	支
절름발이 왕	몽둥이 수	싸울 투	달릴 주	지탱할 지
聿	勹	卩	髟	
붓 율	쌀 포	병부 절	머리털 늘어질 표	

 오늘의 킹왕짱 부수는?

중국 간체 舌

舌
혀 **설**
훈 음

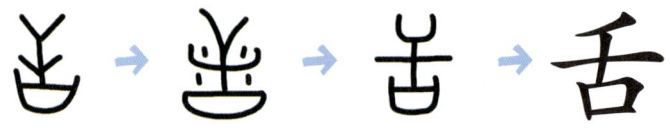

혀가 입 밖으로 나온 모양

舌 → 舌 → 舌 → 舌

 꼼꼼다지기

혀끝이 갈라진 고문 그림으로 인하여 뱀의 혀를 보고 만들었다는 설도 있습니다. 혀의 모양이나 작용과 연관되어 활용됩니다.

 급수박사 되기

舍 · 집   사
舒 · 펼   서 **2급**

 다음 부수를 필순에 맞게 써 보세요.

총 6획	舌 舌 舌 舌 舌 舌					
舌	舌	舌	舌	舌	舌	舌
혀 설	혀 설	혀 설	혀 설	혀 설	혀 설	혀 설

중국
간체 齿

齒

이 **치**

훈 음

이가 위아래로 나란히 난 모양

 →  → →

 꼼꼼 다지기

입 안에 이가 위아래로 난 모양에 止(그칠 지)자가 합쳐져서 음이 '치'가 되었습니다.
이와 관련되어 활용됩니다.

 급수박사 되기

齡 · 나이 령 [1급]
齪 · 악착할 착 [특급Ⅱ]
齕 · 깨물 흘 [특급]

 다음 부수를 필순에 맞게 써 보세요.

총 15획	齒 齒 齒 齒 齒 齒 齒 齒 齒 齒 齒 齒 齒 齒 齒
齒 이 치	齒 / 齒 / 齒 / 齒 / 齒 / 齒
	이 치 이 치 이 치 이 치 이 치 이 치

공부한 날

□ 월 □ 일   확인

중국
간체 甘

甘

달 **감**

훈   음

입에 맛있는 것을 물고 있는 모양

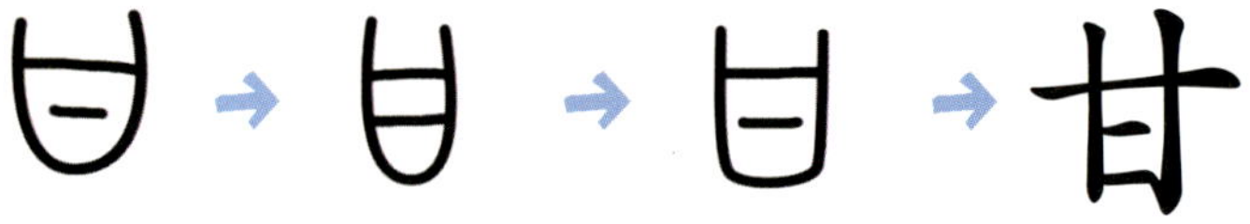

ㅂ → ㅂ → ㅂ → 甘

꼼꼼 다지기

맛있는 것, 즉 단것을 입에 물고 있는 데서 '달다' 라는 뜻이 됩니다. 맛과 관련되어 활용됩니다.

급수박사 되기

甘 · 심할 **심** 3급Ⅱ

甛 · 달 **첨** 특급Ⅱ

 다음 부수를 필순에 맞게 써 보세요.

총 5획	甘	甘	甘	甘	甘
甘	甘	甘	甘	甘	甘	甘
달 감	달 감	달 감	달 감	달 감	달 감	달 감

중국간체 疋

疋

발 / **소**

훈 / 음

장딴지에서 발까지의 모습

꼼꼼  다지기

무릎 아래의 다리를 본뜬 글자로, 종아리는 발과 합쳐져 짝을 이룸을 알 수 있습니다. 발의 상태나 동작과 관련되어 활용됩니다.

급수박사 되기

疑 · 의심할 의
疏 · 소통할 소 3급Ⅱ
疎 · 성길 소 1급

 다음 부수를 필순에 맞게 써 보세요.

총 5획	疋 疋 疋 疋 疋

疋	疋	疋	疋	疋	疋	疋
발 소	발 소	발 소	발 소	발 소	발 소	발 소

중국 간체 舛

舛
어그러질 천
훈   음

오른발과 왼발이 엇갈리어 있는 모양

舛 → 舛

발이 엇갈린 데서 '어긋나다, 반대하다' 등의 의미를 갖습니다. 부수로 거의 사용되지 않습니다.

舞 · 춤출 무
舜 · 순임금 순 [2급]

 다음 부수를 필순에 맞게 써 보세요.

총 6획	舛 舛 舛 舛 舛 舛					
舛	舛	舛	舛	舛	舛	舛
어그러질 천	어그러질 천	어그러질 천	어그러질 천	어그러질 천	어그러질 천	어그러질 천

중국간체 尢

尢
절름발이 왕
훈   음

다리 하나가 굽은 사람의 모습

 꼼꼼 다지기

절름발이를 의미하는 경우도 있으나 비정상적인 상태나 어려움을 뜻하기도 합니다.

尢 자와 尣 자는 같은 글자예요.

 급수박사 되기

就 · 나아갈 취
尤 · 더욱 우 3급
尰 · 수중다리* 종 특급

*수중다리 : 병 때문에 퉁퉁 부은 다리

 다음 부수를 필순에 맞게 써 보세요.

총 3획	尢 尢 尢					
尢	尢	尢	尢	尢	尢	尢
절름발이 왕	절름발이 왕	절름발이 왕	절름발이 왕	절름발이 왕	절름발이 왕	절름발이 왕

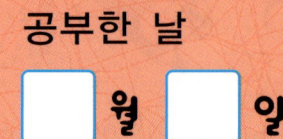

중국 간체 殳

殳

몽둥이 수
훈 음

몽둥이를 손에 들고 치는 모습

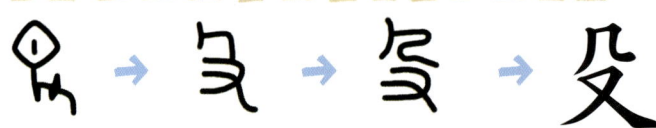

창을 손에 들고 치는 모습이라고도 합니다. 몽둥이와 창으로 치는 데서 '때리다' 라는 의미와 연관되어 활용됩니다.

段 · 층계 단
殺 · 죽일 살
毆 · 때릴 구 1급

 다음 부수를 필순에 맞게 써 보세요.

총 4획	殳 殳 殳 殳					
殳 몽둥이 수	殳 몽둥이 수	殳 몽둥이 수	殳 몽둥이 수	殳 몽둥이 수	殳 몽둥이 수	殳 몽둥이 수

확인학습 ☆

[1~7] 다음 그림을 보고, 그에 해당하는 부수를 보기 에서 찾아 쓰세요.

보기

甘 舌 足 殳 尤 舛 齒

1.  → 舌 → 舌 → 舌 →

2. → 齒 → 齒 → 齒 →

3.  → 甘 → 甘 → 甘 →

4.  → 足 → 足 → 足 →

5.  → 舛 →

6.  → 尤 → 尤 →

7.  → 殳 → 殳 → 殳 →

◎ [8~14] 다음 부수의 훈과 음을 쓰세요.

8. 舌 (   )   9. 齒 (   )

10. 甘 (   )   11. 疋 (   )

12. 舛 (   )   13. 尢 (   )

14. 殳 (   )

◎ [15~22] 다음 한자의 부수를 보기 에서 찾아 쓰세요.

보기

甘 舌 疋 殳 尢 舛 齒

15. 段(층계 단) ☐   16. 舞(춤출 무) ☐

17. 舍(집 사) ☐   18. 殺(죽일 살) ☐

19. 疏(소통할 소) **3급Ⅱ** ☐   20. 甚(심할 심) **3급Ⅱ** ☐

21. 疑(의심할 의) ☐   22. 就(나아갈 취) ☐

鬥

싸울 투

훈   음

두 사람이 서서 맨손으로 싸우는 모습

다지기

두 사람이 손이 엉킨 상태로 싸우는 모습을 본뜬 글자로, 싸우거나 다투는 것과 관련되어 활용됩니다.

鬪 · 싸움 투
鬨 · 싸울 홍 특급
鬧 · 시끄러울 료 특급 II

 다음 부수를 필순에 맞게 써 보세요.

총 10획	鬥	鬥	鬥	鬥	鬥	鬥	鬥	鬥	鬥	鬥
鬥	鬥		鬥		鬥		鬥		鬥	鬥
싸울 투	싸울 투		싸울 투		싸울 투		싸울 투		싸울 투	싸울 투

오늘의 킹왕짱 부수는?

중국 간체 走

走
달릴 주
훈   음

두 팔을 저으며 달리는 사람의 모습

달리는 사람의 발을 강조하여 달리는 행동과 관련되어 활용됩니다.

급수박사 되기

起 · 일어날 기
趣 · 뜻 취

 다음 부수를 필순에 맞게 써 보세요.

총 7획	走 走 走 走 走 走 走					
走 달릴 주	走 달릴 주	走 달릴 주	走 달릴 주	走 달릴 주	走 달릴 주	走 달릴 주

공부한 날

월 □ 일 □

확인

중국 간체 支

支
지탱할 지
훈   음

대나무 가지를 잡고 몸을 지탱하는 모습

 다지기

'가지' 나 '지탱하다' 의 의미로 사용되지만, 부수로는 거의 활용되지 않습니다.

급수박사 되기

鼓 · 실을 궤 급외
鼗 · 기울 기 급외

다음 부수를 필순에 맞게 써 보세요.

총 4획	支	支	支	支		
支	支	支	支	支	支	支
지탱할 지	지탱할 지	지탱할 지	지탱할 지	지탱할 지	지탱할 지	지탱할 지

공부한 날 ☐월 ☐일 확인

붓 율
훈 음

중국간체 聿

손으로 붓을 잡고 있는 모습

 다지기

붓을 사용하는 일이나 붓과 관련된 것으로 활용됩니다.

급수박사 되기
肅 · 엄숙할**숙**
肄 · 익힐 **이** 특급Ⅱ
肇 · 비롯할**조** 1급

 다음 부수를 필순에 맞게 써 보세요.

총 6획	聿	聿	聿	聿	聿	聿
聿	聿	聿	聿	聿	聿	聿
붓 율	붓 율	붓 율	붓 율	붓 율	붓 율	붓 율

오늘의 킹왕짱 부수는?

중국 간체 勹

勹
쌀 포
훈 음

사람이 허리를 구부려 물건을 감싸고 있는 모습

꿈꿈 다지기

물건을 감싸 안은 데서 싸는 의미로 활용됩니다.

급수박사 되기

包 · 쌀	포	
匊 · 움킬	국	특급
勿 · 말	물	3급Ⅱ

 다음 부수를 필순에 맞게 써 보세요.

총 2획	㇒ 勹					
勹	勹	勹	勹	勹	勹	勹
쌀 포	쌀 포	쌀 포	쌀 포	쌀 포	쌀 포	쌀 포

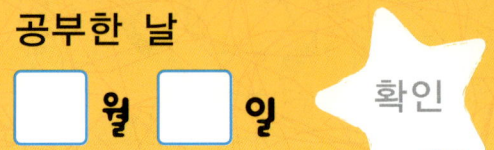

중국간체 卩

卩
병부* 절
훈 음

사람이 무릎을 꿇고 앉아 있는 모습

꼼꼼 다지기

명령을 기다리며 무릎을 꿇고 있는 사람의 모습입니다. 후에 군대를 동원할 때 쓰는 나무패인 병부의 의미로 바뀌었습니다.

卩 자와 㔾 자는 같은 글자예요.

급수박사 되기

卷 · 책 권
卵 · 알 란
危 · 위태할 위

印 · 도장 인

*병부 : 병사의 이름, 주소 등을 적어 넣은 장부

 다음 부수를 필순에 맞게 써 보세요.

총 2획	卩 卩					
卩	卩	卩	卩	卩	卩	卩
병부 절	병부 절	병부 절	병부 절	병부 절	병부 절	병부 절

髟
머리털 늘어질 표
훈   음

머리털이 늘어진 사람이 지팡이를 짚고 있는 모습

튽(긴 장)자와 彡(터럭 삼)자가 합쳐진 모양입니다. 머리털이나 수염과 연관되어 활용됩니다.

髮 · 터럭 발
髥 · 구레나룻 염 특급Ⅱ
鬒 · 숱많고 검을 진 특급

 다음 부수를 필순에 맞게 써 보세요.

총 10획	髟	髟	髟	髟	髟	髟	髟	髟	髟	髟
髟	髟		髟		髟		髟		髟	
머리털 늘어질 표	머리털 늘어질 표	머리털 늘어질 표	머리털 늘어질 표	머리털 늘어질 표	머리털 늘어질 표	머리털 늘어질 표				

확인학습 ☆

○ [1~7] 다음 그림을 보고, 그에 해당하는 부수를 보기 에서 찾아 쓰세요.

보기

聿 卩 走 攴 鬥 勹 彡

1. → 𤼌 → 𣪊 → 鬥 →

2. → 𣥈 → 走 →

3. → 攴 →

4. → 𦘒 → 聿 → 聿 →

5. → 𠂔 → 卩 →

6. → 𠀠 → 勹 → 勹 →

7. → 彡 →

◎ [8~14] 다음 부수의 훈과 음을 쓰세요.

8. 鬥 (   )   9. 走 (   )

10. 支 (   )   11. 聿 (   )

12. 勹 (   )   13. 卩 (   )

14. 髟 (   )

◎ [15~24] 다음 한자의 부수를 보기 에서 찾아 쓰세요.

보기

聿　卩　走　支　鬥　勹　髟

15. 卷(책 권)　　[   ]   16. 起(일어날 기)　　[   ]

17. 卵(알 란)　　[   ]   18. 髮(터럭 발)　　[   ]

19. 肅(엄숙할 숙)　[   ]   20. 危(위태할 위)　　[   ]

21. 印(도장 인)　　[   ]   22. 趣(뜻 취)　　[   ]

23. 鬪(싸움 투)　　[   ]   24. 包(쌀 포)　　[   ]

◎ 다음 □ 안에 알맞은 한자를 찾아가며 멋지게 미로를 빠져나가 봅시다.

제 1 장 4급 배정한자 학습을 완성시키는 부수 30자

02. 동물과 식물을 보고 만들었어요

벌레와 새, 기장 같은 동물과 식물을 보고 만든 부수입니다. 실제 동물과 식물의 모습과 비교해 보며 익혀 봅시다.

虫	鳥	毛	非	飛
벌레 충	새 조	털 모	아닐 비	날 비
豕	鹿	龍	卜	香
돼지 시	사슴 록	용 룡	점 복	향기 향

중국 간체 虫

虫
벌레 충
훈 음

뱀이 몸을 사리고 앉아 있는 모양

ʃ → 몯 → 멻 → 虫

꼼꼼 다지기

땅위를 꿈틀대며 기어 다니는 뱀을 나타냈습니다. 후에 기어 다니거나 날아다니는, 털이 있거나 없는, 딱지나 비늘을 가진 모든 벌레를 지칭하게 되었습니다. 벌레와 관련되어 활용됩니다.

 급수박사 되기

- 蟲 · 벌레 충
- 蝶 · 나비 접 3급
- 螢 · 반딧불 형 3급

 다음 부수를 필순에 맞게 써 보세요.

총 6획	虫	虫	虫	虫	虫	虫
虫	虫	虫	虫	虫	虫	虫
벌레 충	벌레 충	벌레 충	벌레 충	벌레 충	벌레 충	벌레 충

중국 간체 鸟

鳥
새 조
훈   음

긴 꼬리를 가진 새의 모습

 꼼꼼 다지기

새의 머리에서 다리까지를 모두 그린 모양입니다. 짧은 꼬리를 가진 隹 (새 추)자와 구별하기 위하여 꼬리를 길게 그렸다는 설도 있습니다. 새의 종류와 명칭과 연관되어 활용됩니다.

급수박사 되기

鷄 · 닭 계
鳴 · 울 명

⭐ 다음 부수를 필순에 맞게 써 보세요.

총 11획	鳥 鳥 鳥 鳥 鳥 鳥 鳥 鳥 鳥 鳥 鳥
鳥 새 조	鳥 새 조　鳥 새 조　鳥 새 조　鳥 새 조　鳥 새 조　鳥 새 조

오늘의 킹왕짱 부수는?

공부한 날

☐ 월 ☐ 일   확인

중국간체 毛

毛

털 모

훈   음

새의 깃털 모양

짐승의 꼬리 모양이라는 설도 있습니다. 털이나 털로 만든 물건과 연관되어 활용됩니다.

급수박사 되기

毯·담요 담 급외
毫·터럭 호 3급

 다음 부수를 필순에 맞게 써 보세요.

총 4획	毛 毛 毛 毛					
毛	毛	毛	毛	毛	毛	毛
털 모	털 모	털 모	털 모	털 모	털 모	털 모

중국간체

非

아닐 비

훈　음

새의 날개가 서로 어긋나 있는 모양

非 → 非 → 非 → 非

새의 두 날개가 서로 반대쪽에 위치하는 데서 '어긋나다, 아니다' 의 뜻이 됩니다. '갈라지다, 등지다' 의 의미로 활용됩니다.

靠 · 기댈　고 [급외]
靡 · 쓰러질미 [1급]

 다음 부수를 필순에 맞게 써 보세요.

총 8획	非 非 非 非 非 非 非 非					
非	非	非	非	非	非	非
아닐 비	아닐 비	아닐 비	아닐 비	아닐 비	아닐 비	아닐 비

중국 간체 飞

날 비

훈 음

새가 두 날개를 활짝 펴고 나는 모습

眾 → 飛 → 飛

새가 나는 모습을 목의 깃털과 두 날개, 몸통을 자세히 그려 나타냈습니다. 날아가는 것과 관련되어 활용됩니다.

| 급수박사 되기 | 翻 · 번역할 번 3급 |
| | 翥 · 날아오를 저 급외 |

⭐ 다음 부수를 필순에 맞게 써 보세요.

총 9획	飛 飛 飛 飛 飛 飛 飛 飛 飛
飛	飛 飛 飛 飛 飛 飛
날 비	날 비 　 날 비 　 날 비 　 날 비 　 날 비 　 날 비

살찐 돼지의 모습

중국간체 豕

豕

돼지 시

훈 음

 곰곰 다지기

돼지의 주둥이와 몸통, 짧은 다리와 꼬리를 그린 모양입니다. 돼지의 종류나 돼지와 비슷한 동물과 연관되어 활용됩니다.

象 · 코끼리 상
豫 · 미리 예
豚 · 돼지 돈 3급

다음 부수를 필순에 맞게 써 보세요.

총 7획	豕 豕 豕 豕 豕 豕 豕
豕 돼지 시	豕 / 豕 / 豕 / 豕 / 豕 / 豕
	돼지 시 / 돼지 시 / 돼지 시 / 돼지 시 / 돼지 시 / 돼지 시

중국간체 鹿

鹿
사슴 **록**
훈　음

긴 뿔이 있는 사슴의 모습

 다지기

옆에서 본 사슴의 전체 모습입니다. 사슴이나 사슴과 비슷한 동물과 관련되어 활용됩니다.

麗 · 고울 려
麒 · 기린 기 2급
麝 · 사향노루사 1급

 다음 부수를 필순에 맞게 써 보세요.

총 11획	鹿	鹿	鹿	鹿	鹿	鹿	鹿	鹿	鹿	鹿	鹿
鹿 사슴 록	鹿 사슴 록	鹿 사슴 록	鹿 사슴 록	鹿 사슴 록	鹿 사슴 록	鹿 사슴 록					

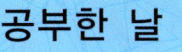 

꿈틀대며 하늘로 올라가는 용의 모습

용의 머리 위에 난 뿔과 사납게 벌린 입이 글자에 잘 나타나 있습니다. 용이 신비스러운 상상의 동물인 데서 신성함을 나타내어 임금과 관련된 의미로도 쓰입니다.

龕 · 감실 **감** 특급Ⅱ
龐 · 어지러울 **방** 2급

*감실 : 신주를 모셔 두는 공간

 다음 부수를 필순에 맞게 써 보세요.

총 16획	龍龍龍龍龍龍龍龍龍龍龍龍龍龍龍龍
龍 용 룡	龍 용 룡　龍 용 룡　龍 용 룡　龍 용 룡　龍 용 룡　龍 용 룡

오늘의 킹왕짱 부수는?

중국간체 卜

卜
점 복
훈 음

거북 등껍데기의 갈라진 틈의 모양

卜 → 卜 → 卜 → 卜

다지기

거북을 불에 구워 등껍데기에 나타난 갈라진 틈으로 점을 본 데서 '점을 보다' 라는 뜻이 되었습니다.

급수박사 되기

占 · 점칠 점

 다음 부수를 필순에 맞게 써 보세요.

총 2획	卜 卜						
卜	卜	卜	卜	卜	卜	卜	卜
점 복	점 복	점 복	점 복	점 복	점 복	점 복	

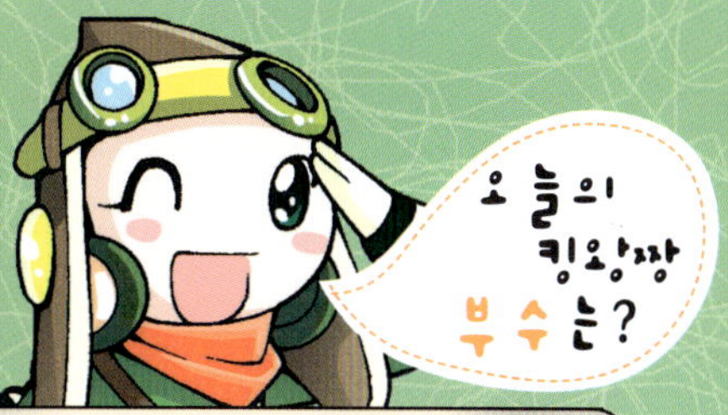

중국 간체 香

香

향기 **향**

훈　음

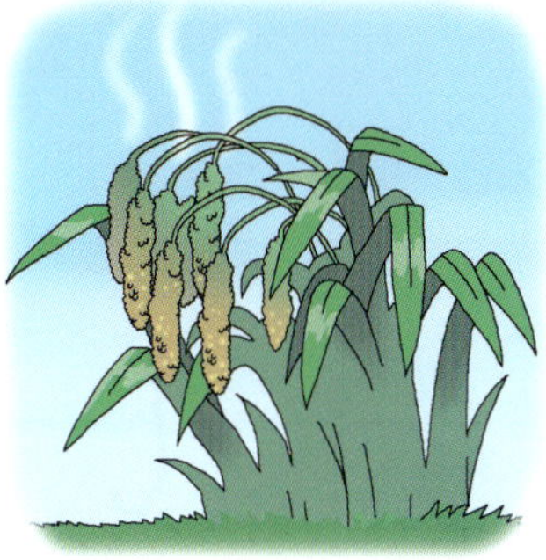

기장이 익으면서 나는 냄새

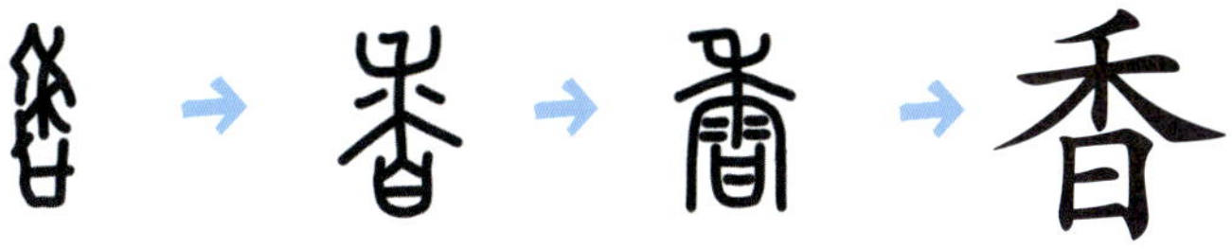

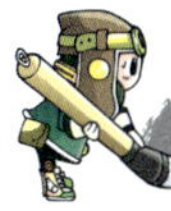

꼼꼼 다지기

곡식의 하나인 기장[黍 : 기장 서]이 익으면서 나는 맛있는[甘 : 달 감] 냄새에서 향기의 뜻이 되었습니다. 향기와 관련되어 활용됩니다.

급수박사 되기

馥 · 향기 **복** 2급
秘 · 향기 **필** 특급Ⅱ
馨 · 꽃다울 **형** 2급

다음 부수를 필순에 맞게 써 보세요.

총 9획	香 香 香 香 香 香 香 香 香
香 향기 향	香 / 香 / 香 / 香 / 香 / 香 (향기 향)

확인학습 ✩

◎ [1~10] 다음 그림을 보고, 그에 해당하는 부수를 보기 에서 찾아 쓰세요.

보기

鹿 龍 毛 卜 飛 非 豕 鳥 虫 香

1.  →  →  →

2. → → → →

3. → → →

4. → → → →

5. → → →

6. → → → →

7. → → → →

8.  → 龍 → 龍 → 龍 →

9. → 卜 → 卜 → 卜 →

10. → → 香 → 香 →

◎ [11~20] 다음 부수의 훈과 음을 쓰세요.

11. 虫 (   )   12. 鳥 (   )

13. 毛 (   )   14. 非 (   )

15. 飛 (   )   16. 豕 (   )

17. 鹿 (   )   18. 龍 (   )

19. 卜 (   )   20. 香 (   )

◎ [21~29] 다음 한자의 부수를 보기 에서 찾아 쓰세요.

보기

鹿 龍 毛 卜 飛 非 豕 鳥 虫 香

21. 鷄(닭 계)   [   ]   22. 麗(고울 려)   [   ]

23. 鳴(울 명)   [   ]   24. 飜(번역할 번) 3급   [   ]

25. 象(코끼리 상)   [   ]   26. 豫(미리 예)   [   ]

27. 占(점칠 점)   [   ]   28. 蟲(벌레 충)   [   ]

29. 毫(터럭 호)   [   ]

◎ 위와 아래, 왼쪽과 오른쪽 글자와 합쳐 한자를 만들려고 합니다. □ 안에 알맞은 한자를 쓰세요.

◎ 한 획을 추가하여 새로운 한자를 만들어 보세요.

03. 생활 도구를 보고 만들었어요

그릇이나 제기와 같은 생활 용품 모양을 본떠 만든 부수입니다. 실제 생활 용품 모양과 비교해 보며 부수를 익혀 보세요.

血	皿	缶	豆	辛
피 혈	그릇 명	장군 부	콩 두	매울 신

革
가죽 혁

중국 간체 血

피 **혈**

훈 음

제물로 올릴 피를 그릇에 담아 놓은 모양

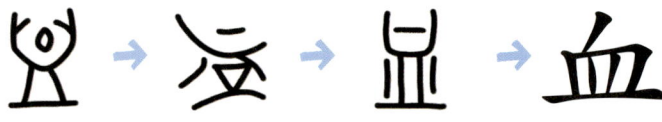

옛날에 제사를 지낼 때 제물로 바치던 소나 양 같은 동물의 피를 그릇에 담아 놓은 모양입니다. 혈액과 관련되어 활용됩니다.

衆 · 무리 중
盡 · 애통해할 혁 특급

 다음 부수를 필순에 맞게 써 보세요.

총 6획	血 血 血 血 血 血					
血	血	血	血	血	血	血
피 혈	피 혈	피 혈	피 혈	피 혈	피 혈	피 혈

중국 간체 皿

그릇 명

훈 음

옛날에 사용하던 그릇의 모양

 **다지기**

음식을 담는 그릇의 모양입니다. 부수로 쓰일 때는 항상 글자의 아랫부분인 발에 위치합니다.

급수박사 되기

監 · 볼 감
盜 · 도둑 도
盛 · 성할 성

益 · 더할 익
盡 · 다할 진

 다음 부수를 필순에 맞게 써 보세요.

총 5획	皿 皿 皿 皿 皿					
皿	皿	皿	皿	皿	皿	皿
그릇 명	그릇 명	그릇 명	그릇 명	그릇 명	그릇 명	그릇 명

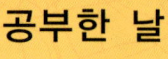

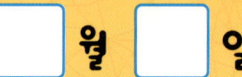

중국간체 缶

缶

장군 **부**

훈 　　 음

물이나 술, 간장 등을 담아 두는 그릇인 장군 모양

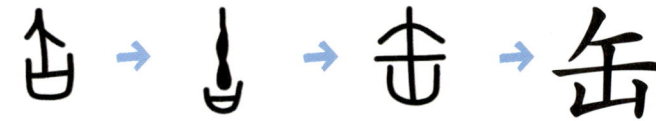

 다지기

액체를 담아 두는 그릇인 장군은 흙으로 만들었습니다. 그래서 항아리와 같이 흙으로 만든 그릇과 관련되어 활용됩니다.

급수박사 되기

缺 · 이지러질 **결**

餠 · 두레박 **병** 특급

缸 · 항아리 **항** 1급

 다음 부수를 필순에 맞게 써 보세요.

총 6획	缶 缶 缶 缶 缶 缶					
缶	缶	缶	缶	缶	缶	缶
장군 부	장군 부	장군 부	장군 부	장군 부	장군 부	장군 부

오늘의 킹왕짱 부수는?

공부한 날

□ 월 □ 일

확인

중국 간체 豆

豆

콩 두

훈 음

뚜껑이 있는 제기 모양

묘 → 효 → 효 → 豆

 다지기

제사 때 사용하는 굽이 높은 나무 그릇인 제기 모양입니다. 이 그릇에 콩을 많이 담은 데서 콩의 뜻을 갖게 되었습니다. 콩과 관련되어 활용됩니다.

급수박사 되기

豊 · 풍년 풍
豌 · 완두 완 특급II

 다음 부수를 필순에 맞게 써 보세요.

총 7획	豆 豆 豆 豆 豆 豆 豆

豆	豆	豆	豆	豆	豆	豆
콩 두	콩 두	콩 두	콩 두	콩 두	콩 두	콩 두

중국 간체 辛

辛

매울 **신**

훈 음

죄인의 얼굴에 검은 표시를 새길 때 사용하는 도구의 모양

글자 다지기

옛날에는 얼굴에 문신을 해서 죄인이나 노예를 표시했습니다. 얼굴에 문신을 새길 때 그 고통이 매우 심한 것에서 '맵다, 쓰다'의 뜻을 갖게 되었습니다.

급수박사 되기

辯 · 말씀 변
辭 · 말씀 사
辜 · 허물 고 **1급**

 다음 부수를 필순에 맞게 써 보세요.

총 7획	辛 辛 辛 辛 辛 辛 辛					
辛	辛	辛	辛	辛	辛	辛
매울 신	매울 신	매울 신	매울 신	매울 신	매울 신	매울 신

오늘의
킹왕짱
부수는?

중국간체 革

革
가죽 혁
훈   음

털을 제거한 동물의 가죽 모양

🔥음 다지기

동물의 가죽을 머리부터 꼬리까지 손질해 놓은 모양입니다. 가죽으로 만든 물건이나 가죽의 종류와 관련되어 활용됩니다.

급수박사
되기

鞍 · 안장 안 [1급]
靷 · 질길 인 [1급]
靴 · 신   화 [2급]

⭐ 다음 부수를 필순에 맞게 써 보세요.

총 9획	革 革 革 革 革 革 革 革 革
革	革 革 革 革 革 革
가죽 혁	가죽 혁 가죽 혁 가죽 혁 가죽 혁 가죽 혁 가죽 혁

확인학습 ☆

[1~6] 다음 그림을 보고, 그에 해당하는 부수를 보기에서 찾아 쓰세요.

보기

豆 皿 缶 辛 革 血

1.  →  →  →

2.  →  →  →

3.  →  →  →

4.  →  →  →

5.  →  →

6.  →

◎ [7~12] 다음 부수의 훈과 음을 쓰세요.

7. 血 (　　　　　　)　　　　8. 皿 (　　　　　　)

9. 缶 (　　　　　　)　　　　10. 豆 (　　　　　　)

11. 辛 (　　　　　　)　　　　12. 革 (　　　　　　)

◎ [13~22] 다음 한자의 부수를 **보기** 에서 찾아 쓰세요.

보기

豆 皿 缶 辛 革 血

13. 監(볼 감) 　[　　　]　　　14. 缺(이지러질 결) 　[　　　]

15. 盜(도둑 도) 　[　　　]　　　16. 辯(말씀 변) 　[　　　]

17. 辭(말씀 사) 　[　　　]　　　18. 盛(성할 성) 　[　　　]

19. 益(더할 익) 　[　　　]　　　20. 衆(무리 중) 　[　　　]

21. 盡(다할 진) 　[　　　]　　　22. 豊(풍년 풍) 　[　　　]

01. 자연을 보고 만들었어요

거북이나 오이 같은 동식물의 모양을 본떠 만들었어요. 실제 동식물의 모습과 비교하며 부수를 익혀 보세요.

龜	黽	鼠	豸	彐
거북 귀	맹꽁이 맹	쥐 서	발 없는 벌레 치	돼지 머리 계
内	釆	瓜	韭	麻
짐승 발자국 유	분별할 변	오이 과	부추 구	삼 마
麥	黍	齊	片	爿
보리 맥	기장 서	가지런할 제	조각 편	나뭇조각 장
谷	鹵			
골 곡	소금 로			

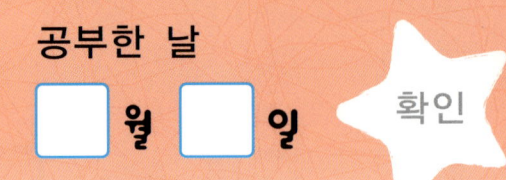

중국 간체 龜

龜

거북 귀

훈 음

거북의 모양

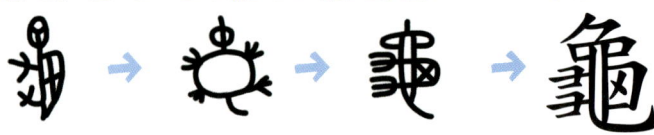

 다지기

거북의 머리와 등껍질, 다리, 꼬리를 그려 거북을 나타냅니다. 옛날에 거북 등의 갈라 진 틈을 보고 점을 친 데서 '갈라지다'의 뜻도 있습니다.

鼈 · 자라 별 [급외]
龝 · 가을 추 [급외]

 다음 부수를 필순에 맞게 써 보세요.

총 16획	龜	龜	龜	龜	龜	龜	龜	龜	龜	龜	龜	龜	龜	龜
龜 거북 귀	龜 거북 귀		龜 거북 귀		龜 거북 귀		龜 거북 귀		龜 거북 귀		龜 거북 귀			

중국 간체 黽

黽

맹꽁이   맹
훈   음

맹꽁이의 모양

흠흠 다지기

개구리와 비슷하게 생긴 맹꽁이를 나타냅니다. 물가에 사는 거미나 자라와 연관되어 활용됩니다.

급수박사 되기

鼈 · 자라 별 1급
黿 · 자라 원 특급
鼄 · 거미 주 급외

⭐ 다음 부수를 필순에 맞게 써 보세요.

총 13획	黽 黽 黽 黽 黽 黽 黽 黽 黽 黽 黽 黽 黽
黽	黽 黽 黽 黽 黽 黽
맹꽁이 맹	맹꽁이 맹 맹꽁이 맹 맹꽁이 맹 맹꽁이 맹 맹꽁이 맹 맹꽁이 맹

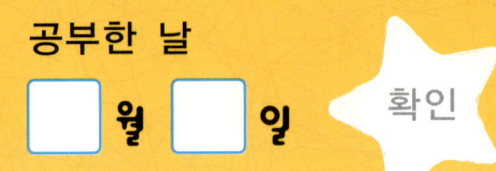

오늘의 킹왕짱 부수는?

중국 간체 鼠

鼠
쥐 서
훈 음

이빨을 강조한 쥐의 모양

 다지기

주둥이가 나온 쥐의 입과 큰 앞니, 배, 발, 꼬리를 본뜬 모양입니다. 쥐와 비슷한 동물인 다람쥐, 두더지 등과 관련되어 활용됩니다.

급수박사 되기

鼢 · 두더지 분 급외
鼯 · 날다람쥐 오 급외
鼬 · 족제비 유 급외

 다음 부수를 필순에 맞게 써 보세요.

총 13획	鼠 鼠 鼠 鼠 鼠 鼠 鼠 鼠 鼠 鼠 鼠 鼠 鼠
鼠	鼠 鼠 鼠 鼠 鼠 鼠
쥐 서	쥐 서 쥐 서 쥐 서 쥐 서 쥐 서 쥐 서

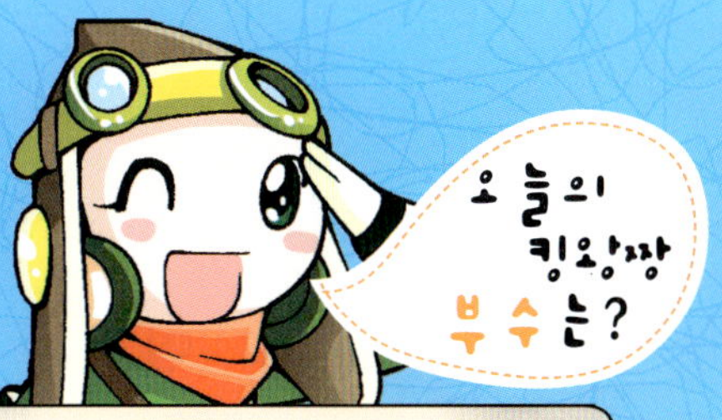

중국 간체 豸

豸

발 없는 벌레 **치**

훈   음

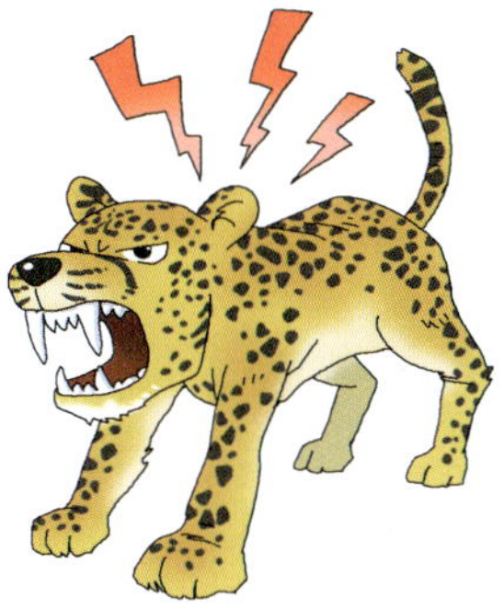

사나운 짐승 모양

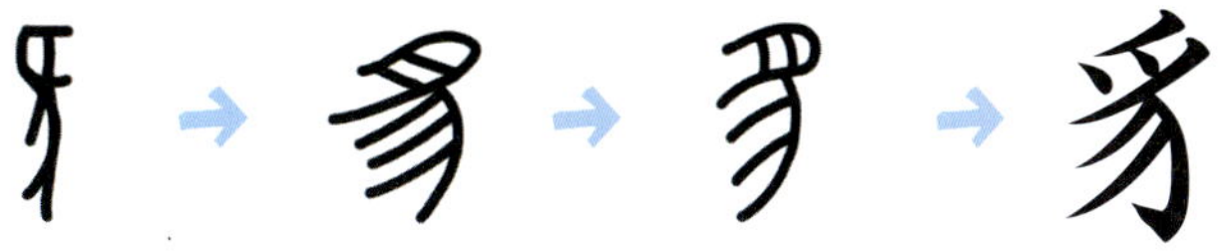

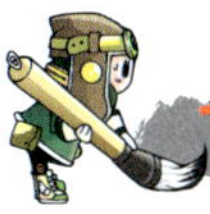

𧰨 → 豸 → 豸 → 豸

음음 다지기

지렁이 같은 발 없는 벌레나 해태*를 뜻하기도 합니다. 먹이를 잡으려는 짐승에서 사나운 맹수와 관련되어 활용됩니다.

'해태'란 선악을 판단하여 안다는 상상의 동물

급수박사 되기

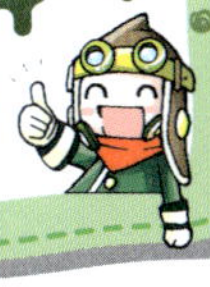

描 · 고양이 **묘** 특급
豺 · 승냥이 **시** 1급
豹 · 표범 **표** 1급

 다음 부수를 필순에 맞게 써 보세요.

총 7획	豸	豸	豸	豸	豸	豸	豸
豸	豸	豸	豸	豸	豸	豸
발 없는 벌레 치	발 없는 벌레 치	발 없는 벌레 치	발 없는 벌레 치	발 없는 벌레 치	발 없는 벌레 치	발 없는 벌레 치

오늘의 킹왕짱 부수는?

공부한 날

[ ]월 [ ]일

확인

중국 간체 彐

크

돼지 머리 계

훈 　 음

돼지의 머리 모양

彑 → 크

콕콕 다지기

주둥이가 길쭉하게 나온 머리가 큰 돼지의 머리 부분만을 본뜬 글자입니다.

크자와 彑자는 같은 글자예요.

급수박사 되기

豕 · 돼지 체	특급
彗 · 살별* 혜	1급
彙 · 무리 휘	1급

*살별 : 혜성

 다음 부수를 필순에 맞게 써 보세요.

총 3획	크 크 크					
크	크	크	크	크	크	크
돼지 머리 계	돼지 머리 계	돼지 머리 계	돼지 머리 계	돼지 머리 계	돼지 머리 계	돼지 머리 계

중국간체 内

内

짐승 발자국   유

훈   음

땅에 찍힌 짐승의 발자국 모양

㐮 → 内

짐승이 발을 땅에 딛고 있는 모양이라는 설도 있습니다. 이 글자는 혼자 쓰이지 않고, 다른 글자와 결합하여 쓰입니다. 짐승이나 벌레와 관련된 의미 활용됩니다.

禽 · 새   금 3급
禹 · 성씨 우 2급

 다음 부수를 필순에 맞게 써 보세요.

총 5획	内 内 内 内 内
内	内 内 内 内 内 内
짐승 발자국 유	짐승 발자국 유　짐승 발자국 유　짐승 발자국 유　짐승 발자국 유　짐승 발자국 유　짐승 발자국 유

중국 간체 采

采

분별할 변
훈   음

짐승의 발자국 모양

米 → 米 → 釆 → 采

땅에 남겨진 짐승의 발자국을 보고, 무슨 동물인지 알아낸 데에서 '분별하다'의 뜻이 됩니다.

釋 · 풀   석 3급Ⅱ
釉 · 광택   유 특급Ⅱ
采 · 풍채   채 2급

 다음 부수를 필순에 맞게 써 보세요.

총 7획	采	采	采	采	采	采	采
采	采	采	采	采	采	采	
분별할 변	분별할 변	분별할 변	분별할 변	분별할 변	분별할 변	분별할 변	

오이 덩굴에 오이가 매달려 있는 모양

꼼꼼 다지기

오이, 참외, 수박 등과 같은 덩굴성 식물의 열매와 관련되어 활용됩니다. 획수를 6획으로 쓰지 않도록 유의해야 합니다.

辦 · 외씨 **판** 특급Ⅱ
瓢 · 바가지 **표** 특급Ⅱ
瓠 · 박 **호** 특급Ⅱ

 다음 부수를 필순에 맞게 써 보세요.

총 5획	瓜	瓜	瓜	瓜	瓜	
瓜	瓜	瓜	瓜	瓜	瓜	瓜
외 과	외 과	외 과	외 과	외 과	외 과	외 과

오늘의 킹왕짱 부수는?

공부한 날

☐ 월 ☐ 일

확인

중국간체 韭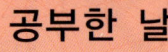

韭

부추 **구**

훈   음

땅에서 자라고 있는 부추의 모양

韭 → 韭

식용식물인 부추가 쑥쑥 자라나는 모양입니다. 하나의 줄기에서 여러 개의 가는 줄기가 나오는 부추의 모양에서 '가늘고 약한'의 뜻으로도 활용됩니다.

급수박사 되기

韲 · 달래 **번** 급외
韱 · 약할 **잠** 급외

 다음 부수를 필순에 맞게 써 보세요.

총 9획	韭 韭 韭 韭 韭 韭 韭 韭 韭					
韭	韭	韭	韭	韭	韭	韭
부추 구	부추 구	부추 구	부추 구	부추 구	부추 구	부추 구

◎ [1~9] 다음 그림을 보고, 그에 해당하는 부수를 보기 에서 찾아 쓰세요.

보기

> 크 内 瓜 韭 龜 黽 釆 鼠 豸

1.  → 🐢 →  →  →

2. 🐸 → 🦟 → 🦎 → 黽 →

3. 🐭 → 🐀 → 🐁 → 鼠 →

4. 🐆 → 🐾 → 豸 → 豸 →

5. 🐗 → 彑 →

6.  → 瓜 →

7.  → 釆 → 釆 → 釆 →

8.  → 瓜 → 瓜 →

9.  → 韭 →

◎ [10~18] 다음 부수의 훈과 음을 쓰세요.

10. 龜 (   )   11. 黽 (   )

12. 鼠 (   )   13. 豸 (   )

14. 彐 (   )   15. 内 (   )

16. 釆 (   )   17. 瓜 (   )

18. 韭 (   )

◎ [19~27] 다음 한자의 부수를 보기 에서 찾아 쓰세요.

보기

彐 内 瓜 韭 龜 黽 釆 鼠 豸

19. 禽(새 금) [3급Ⅱ] [   ]   20. 鼈(자라 별) [1급] [   ]

21. 釋(풀 석) [3급Ⅱ] [   ]   22. 豺(승냥이 시) [1급] [   ]

23. 禹(성 우) [2급] [   ]   24. 采(캘 채) [2급] [   ]

25. 豹(표범 표) [1급] [   ]   26. 彗(살별 혜) [1급] [   ]

27. 彙(무리 휘) [1급] [   ]

중국
간체 麻

麻
삼   마
훈   음

껍질을 벗긴 삼을 지붕 아래에서 말리는 모습

麻 → 麻 → 麻

음음 다지기

삼은 아주 오랜 옛날부터 사용했던 자연 섬유 중의 하나입니다. 주로 발음부호로 활용됩니다.

급수박사 되기

磨 · 갈   마 급외
麼 · 작을   마 급외
麾 · 대장기 휘 1급

 다음 부수를 필순에 맞게 써 보세요.

총 11획	麻 麻 麻 麻 麻 麻 麻 麻 麻 麻 麻
麻 삼 마	麻　麻　麻　麻　麻　麻 삼 마　삼 마　삼 마　삼 마　삼 마　삼 마

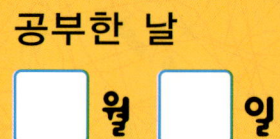

중국
간체 麦

麥

보리   맥

훈   음

이삭과 잎, 뿌리가 있는 보리의 모양

 꼼꼼 다지기

보리 한 포기의 전체 모양을 본뜬 글자입니다. 보리와 비슷한 식물이나 보리로 만든 음식과 관련되어 활용됩니다.

 급수박사 되기

麩 · 보리죽 거 [급외]

麴 · 누룩 국 [특급Ⅱ]

麵 · 밀가루 면 [특급Ⅱ]

 다음 부수를 필순에 맞게 써 보세요.

총 11획	麥 麥 麥 麥 麥 麥 麥 麥 麥 麥 麥					
麥 보리 맥	麥 보리 맥	麥 보리 맥	麥 보리 맥	麥 보리 맥	麥 보리 맥	麥 보리 맥

중국
간체 黍

黍

기장 서

훈 음

기장과 물이 합쳐진 모양

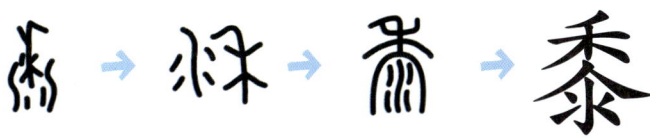

기장은 볏과의 한해살이풀입니다. 떡이나 술을 만드는 데 사용되는 기장은 다른 곡물에 비해 물기가 많아서 물〔水〕이 더해졌다는 설도 있습니다.

黎 · 검을 려 1급
黍+ · 옥수수 도 급외
黏 · 차질 점 급외

 다음 부수를 필순에 맞게 써 보세요.

총 12획	黍 黍 黍 黍 黍 黍 黍 黍 黍 黍 黍 黍 黍
黍	黍 黍 黍 黍 黍 黍
기장 서	기장 서 기장 서 기장 서 기장 서 기장 서 기장 서

월 일 확인

중국
간체 齐

齊
가지런할 제
훈 음

곡식의 이삭이 가지런하게 자란 모습

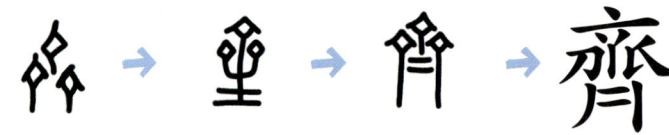

곡식의 이삭이 가지런하게 자란 모습을 세 개의 포기로 나타내었습니다.

齋 · 재계할 **재** 1급
齎 · 가져올 **재** 특급Ⅱ

 다음 부수를 필순에 맞게 써 보세요.

총 14획	齊齊齊齊齊齊齊齊齊齊齊齊齊齊
齊 가지런할 제	齊 가지런할 제　齊 가지런할 제　齊 가지런할 제　齊 가지런할 제　齊 가지런할 제　齊 가지런할 제

중국간체 片

片

조각 **편**

훈 음

반으로 쪼갠 나무의 오른쪽 부분의 모양

음음 다지기

나뭇조각이나 나무판과 관련되어 활용됩니다.

급수박사 되기

牒 · 편지 **첩** 1급

版 · 판목 **판** 3급Ⅱ

牌 · 패 **패** 1급

 다음 부수를 필순에 맞게 써 보세요.

총 4획	片 片 片 片					
片	片	片	片	片	片	片
조각 편	조각 편	조각 편	조각 편	조각 편	조각 편	조각 편

중국 간체 枒

뉘

나뭇조각 장

훈   음

반으로 쪼갠 나무의 왼쪽 부분의 모양

뇝 → ㄱ → 뉘 → 뉘

나뭇조각의 의미를 가진 부수로 활용되기보다는 주로 발음부호로 사용됩니다.

급수박사 되기

牀 · 평상　상 [특급Ⅱ]
牆 · 담　　장 [특급Ⅱ]
牂 · 암양* 장 [특급Ⅱ]

*암양 : 양의 암컷

 다음 부수를 필순에 맞게 써 보세요.

총 4획	뉘 뉘 뉘 뉘					
뉘	뉘	뉘	뉘	뉘	뉘	뉘
나뭇조각 장	나뭇조각 장	나뭇조각 장	나뭇조각 장	나뭇조각 장	나뭇조각 장	나뭇조각 장

중국 간체 谷

谷

골 곡

훈 음

물이 흘러내리는 골짜기 모양

곰곰 다지기

산속의 골짜기에서 물이 흘러내리는 모양으로 계곡과 관련되어 활용됩니다. 또, 골짜기처럼 깊게 파인 상태를 뜻하기도 합니다.

급수박사 되기

谿 · 시내 **계** 특급Ⅱ

豁 · 뚫린 골 **활** 특급Ⅱ

 다음 부수를 필순에 맞게 써 보세요.

총 7획	谷 谷 谷 谷 谷 谷 谷					
谷	谷	谷	谷	谷	谷	谷
골 곡	골 곡	골 곡	골 곡	골 곡	골 곡	골 곡

중국간체 卤

鹵

소금 **로**

훈   음

소금이 바구니에 담겨져 있는 모양

바다의 소금이 아니라 바위 소금을 본뜬 것이라는 설도 있습니다. 소금이나 짠맛과 관련되어 활용됩니다.

鹽 · 소금 **염** 3급Ⅱ
鹹 · 짤   **함** 1급

 다음 부수를 필순에 맞게 써 보세요.

총 11획	鹵 鹵 鹵 鹵 鹵 鹵 鹵 鹵 鹵 鹵 鹵
鹵	鹵　鹵　鹵　鹵　鹵　鹵
소금 로	소금 로　소금 로　소금 로　소금 로　소금 로　소금 로

확인학습 ☆

[1~8] 다음 그림을 보고, 그에 해당하는 부수를 보기 에서 찾아 쓰세요.

보기

谷 鹵 麻 麥 黍 爿 齊 片

1.

2.

3.

4.

5.

6.

7.

8.

◎ [9~16] 다음 부수의 훈과 음을 쓰세요.

9. 麻 (　　　　　　　)　　　　10. 麥 (　　　　　　　)

11. 黍 (　　　　　　　)　　　　12. 齊 (　　　　　　　)

13. 片 (　　　　　　　)　　　　14. 爿 (　　　　　　　)

15. 谷 (　　　　　　　)　　　　16. 鹵 (　　　　　　　)

◎ [17~28] 다음 한자의 부수를 보기 에서 찾아 쓰세요.

보기

谷　鹵　麻　麥　黍　爿　齊　片

17. 黎(검을 려) 1급 ☐　　　18. 鹽(소금 염) 3급Ⅱ ☐

19. 齋(재계할 재) 1급 ☐　　20. 牒(편지 첩) 1급 ☐

21. 版(판목 판) 3급Ⅱ ☐　　22. 牌(패 패) 1급 ☐

23. 鹹(짤 함) 1급 ☐　　　　24. 麾(대장기 휘) 1급 ☐

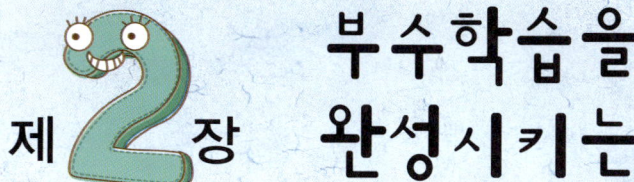

제 2 장 부수학습을 완성시키는 부수 42자

02. 사람을 보고 만들었어요

사람의 손이나 어금니 수염 등의 모양을 본 떠 만든 부수입니다. 우리 몸의 모습과 비교 하여 부수를 배워 보세요.

屮	无	牙	而	隶
왼손 좌	없을 무	어금니 아	말 이을 이	미칠 이

皮	廾	夂	鬼	
가죽 피	들 공	뒤져서 올 치	귀신 귀	

오늘의 킹왕짱 부수는?

중국 간체 屮

屮

왼손 **좌**

훈 음

사람의 왼손 모양

사람의 왼손 모양

ψ → ψ → ψ → 屮

급급 다지기

왼손의 손가락을 세 개로 간단히 표현한 모양입니다. 풀의 싹이 돋아나는 모양이라는 설도 있습니다.

급수박사 되기

屯 · 진칠 둔 [3급]

芇 · 거스를 역 [급외]

㞢 · 갈 지 [급외]

 다음 부수를 필순에 맞게 써 보세요.

총 3획	屮 屮 屮					
屮	屮	屮	屮	屮	屮	屮
왼손 좌	왼손 좌	왼손 좌	왼손 좌	왼손 좌	왼손 좌	왼손 좌

중국 간체 无

无

없을 무

훈 음

고개를 뒤로 하고 무릎을 꿇고 앉은 사람의 모습

고개를 뒤로 돌린 데서 더 이상 필요가 없음을 의미합니다. 사람의 머리(大)에 일(一)자를 더해 머리가 보이지 않게 한 데서 '없다' 가 되었다고도 합니다.

旡 · 이미 기 3급
无 · 목멜 기 급외
既 · 재앙 화 급외

 다음 부수를 필순에 맞게 써 보세요.

총 4획	无 无 无 无

无	无	无	无	无	无	无
없을 무	없을 무	없을 무	없을 무	없을 무	없을 무	없을 무

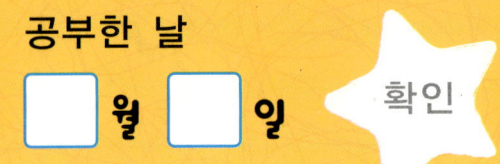

중국 간체 牙

牙

어금니 **아**

훈   음

위와 아래의 어금니가 맞물린 모양

어금니를 뜻하며, 부수로 거의 활용되지 않습니다.

狠 · 깨물 간 급외
掌 · 버틸 탱 급외

 다음 부수를 필순에 맞게 써 보세요.

총 4획	牙 牙 牙 牙					
牙	牙	牙	牙	牙	牙	牙
어금니 아	어금니 아	어금니 아	어금니 아	어금니 아	어금니 아	어금니 아

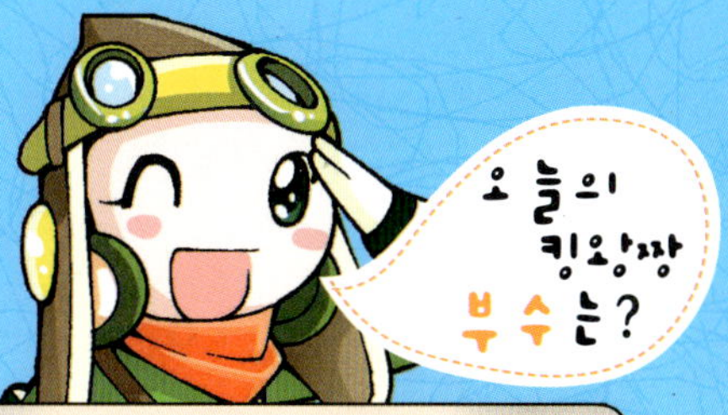

중국 간체 而

而

말 이을 이

훈   음

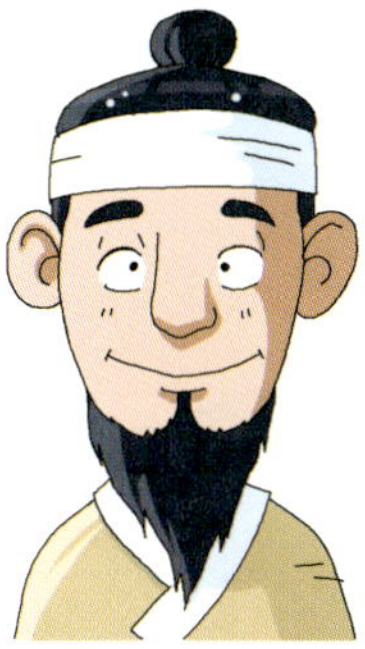

턱에 난 수염 모양

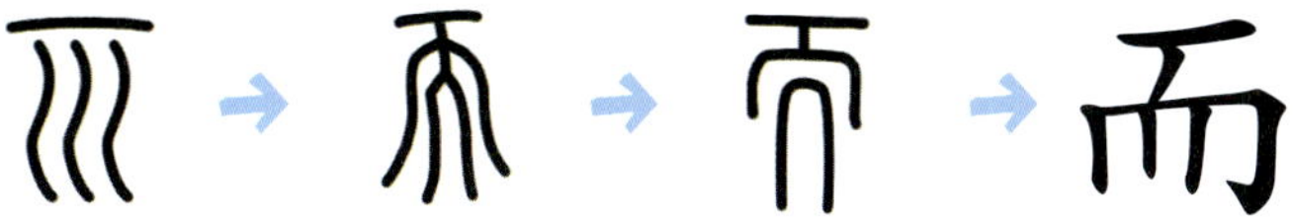

⻑ → ⻑ → 而 → 而

꼼꼼 다지기

턱에 난 수염을 본떠 만든 글자입니다. 후에 가차되어 말을 이어 주는 접속의 의미로 사용하게 되었습니다.

급수박사 되기

耐 · 견딜 내 [3급Ⅱ]
耏 · 구레나룻 깎을 내 [급외]
耑 · 끝 단 [급외]

 다음 부수를 필순에 맞게 써 보세요.

총 6획	而 而 而 而 而 而					
而	而	而	而	而	而	而
말 이을 이	말 이을 이	말 이을 이	말 이을 이	말 이을 이	말 이을 이	말 이을 이

오늘의 킹왕짱 부수는?

공부한 날

□ 월 □ 일

확인

중국 간체 隶

隶

미칠 **이**

훈　　음

손으로 짐승의 꼬리를 잡고 있는 모습

손이 짐승의 꼬리에 미쳐야 꼬리를 잡을 수 있는 데서 '미치다' 라는 뜻이 되었습니다.

隶 · 종　례 3급

 다음 부수를 필순에 맞게 써 보세요.

총 8획	隶 隶 隶 隶 隶 隶 隶 隶					
隶	隶	隶	隶	隶	隶	隶
미칠 이	미칠 이	미칠 이	미칠 이	미칠 이	미칠 이	미칠 이

중국간체 皮

皮
가죽 피
훈 음

손으로 가죽을 벗겨 내는 모습

革(가죽 혁)자는 손질한 가죽을 뜻하며, 皮(가죽 피)자는 손질하기 전의 가죽을 나타냅니다. 피부와 관련되어 활용되기도 합니다.

黔 · 검은빛 간 [급외]

皶 · 여드름 사 [급외]

皺 · 주름 추 [특급Ⅱ]

 다음 부수를 필순에 맞게 써 보세요.

총 5획	皮 皮 皮 皮 皮					
皮	皮	皮	皮	皮	皮	皮
가죽 피	가죽 피	가죽 피	가죽 피	가죽 피	가죽 피	가죽 피

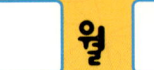

중국 간체 卅

卅
들 공
훈 음

두 손을 모아 떠받들고 있는 모양

손으로 무엇인가를 떠받들고 있는 데서 '들다' 라는 뜻이 됩니다. 두 손과 관련되어 활용됩니다.

弄 · 희롱할 롱 3급Ⅱ
弊 · 폐단 폐 3급Ⅱ

 다음 부수를 필순에 맞게 써 보세요.

총 3획	卅 卅 卅						
卅	卅	卅	卅	卅	卅	卅	
들 공	들 공	들 공	들 공	들 공	들 공	들 공	

중국 간체 夂

夂

뒤져서 올 치

훈 음

발이 뒤집혀 있는 모양

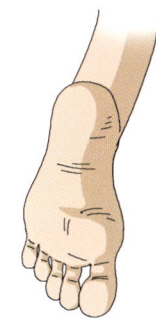

ㅋ → 夂

 다지기

발이 앞을 향하지 않고 뒤를 향하고 있는 데서 남보다 뒤져 간다는 의미가 됩니다. 발과 관련되어 활용됩니다.

급수박사 되기

夅 · 내릴 강 급외
夔 · 조심할 기 특급Ⅱ
夆 · 끌 봉 급외

 다음 부수를 필순에 맞게 써 보세요.

총 3획	夂 夂 夂					
夂	夂	夂	夂	夂	夂	夂
뒤져서 올 치	뒤져서 올 치	뒤져서 올 치	뒤져서 올 치	뒤져서 올 치	뒤져서 올 치	뒤져서 올 치

중국간체 鬼

鬼

귀신 귀

훈　　음

머리가 아주 큰 귀신의 모양

𩵋 → 𩵋 → 𩵋 → 鬼

꼼꼼 다지기

정상적인 사람보다 머리를 크게 그려, 죽은 뒤의 혼인 '귀신' 을 나타냈습니다.

급수박사 되기

魁 · 괴수 괴 [1급]
魔 · 마귀 마 [2급]
魂 · 넋 혼 [3급Ⅱ]

 다음 부수를 필순에 맞게 써 보세요.

총 10획	鬼 鬼 鬼 鬼 鬼 鬼 鬼 鬼 鬼 鬼					
鬼	鬼	鬼	鬼	鬼	鬼	鬼
귀신 귀	귀신 귀	귀신 귀	귀신 귀	귀신 귀	귀신 귀	귀신 귀

확인학습 ☆

[1~9] 다음 그림을 보고, 그에 해당하는 부수를 보기 에서 찾아 쓰세요.

보기

廾 鬼 无 牙 而 隶 屮 夂 皮

1.  →  →  →

2.  → → →

3.  → → →

4.  → → →

5.  → → →

6.  → → →

7.  → → →

8. 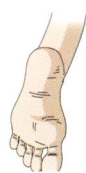 → →

9. → 𤲟 → 𤲠 → 鬼

◎ [10~18] 다음 부수의 훈과 음을 쓰세요.

10. 屮 (　　　　　)　　　11. 无 (　　　　　)

12. 牙 (　　　　　)　　　13. 而 (　　　　　)

14. 隶 (　　　　　)　　　15. 皮 (　　　　　)

16. 廾 (　　　　　)　　　17. 夊 (　　　　　)

18. 鬼 (　　　　　)

◎ [19~27] 다음 한자의 부수를 보기 에서 찾아 쓰세요.

보기

廾 鬼 无 牙 而 隶 屮 夊 皮

19. 魁(괴수 괴) [1급] □　　　20. 旡(이미 기) [3급] □

21. 耐(견딜 내) [3급Ⅱ] □　　　22. 屯(진칠 둔) [3급] □

23. 隸(종 례) [3급] □　　　24. 弄(희롱할 롱) [3급Ⅱ] □

25. 魔(마귀 마) [2급] □　　　26. 弊(폐단 폐) [3급Ⅱ] □

27. 魂(넋 혼) [3급Ⅱ] □

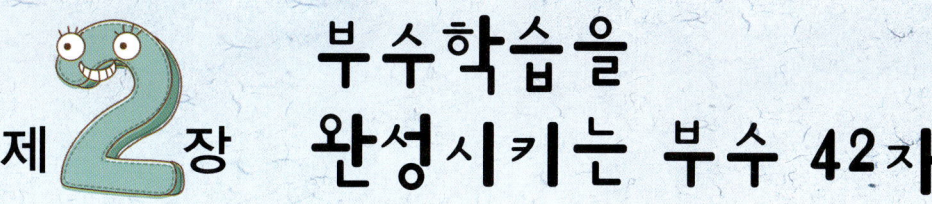

03. 생활 도구로 만들었어요

솥이나 북, 창과 같은 생활에서 사용한 물건 모양을 본떠 만든 부수입니다. 물건의 쓰임을 알아보면서 부수를 익혀 보세요.

鬲 오지병 격	鼓 북 고	几 안석 궤	耒 쟁기 뢰	矛 창 모
龠 피리 약	瓦 기와 와	幺 작을 요	鼎 솥 정	鬯 울창주 창
冖 덮을 멱	匚 상자 방	玄 검을 현	黹 바느질할 치	爻 점괘 효
丿 삐칠 별				

오늘의 킹왕짱 부수는?

공부한 날

□ 월 □ 일   확인

중국 간체 鬲

鬲

오지병* 격

훈   음

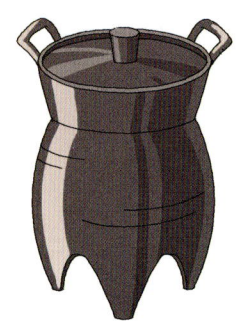

다리가 세 개 있는 솥 모양

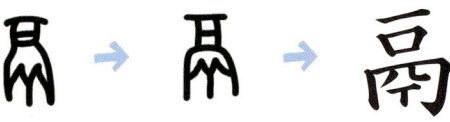

그릇 아래에 불을 지필 수 있는 다리와 뚜껑이 있는 솥의 모양입니다. 솥과 관련되어 활용됩니다.

*오지병: 진흙으로 빚어 잿물을 발라 구어 만든 병

급수박사 되기

鬷 · 가마솥 종 특급
鬻 · 죽 죽 특급

 다음 부수를 필순에 맞게 써 보세요.

총 10획	鬲	鬲	鬲	鬲	鬲	鬲	鬲	鬲	鬲	鬲
鬲	鬲		鬲		鬲		鬲		鬲	鬲
오지병 격	오지병 격		오지병 격		오지병 격		오지병 격		오지병 격	오지병 격

중국 간체 鼓

鼓
북 **고**
훈 음

북채를 들고 북을 치는 모습

 다지기

손에 북채를 들고 받침대가 있는 큰 북을 치는 모양입니다. 북의 종류와 관련되어 활용됩니다.

급수박사 되기

鼗 ·땡땡이* 도 특급
鼖 ·큰 북 분 특급

*땡땡이 : 북자루를 잡고 돌리면 양쪽 끝에 단 구슬이 북면을 치게 만든 북

⭐ 다음 부수를 필순에 맞게 써 보세요.

총 13획	鼓 鼓 鼓 鼓 鼓 鼓 鼓 鼓 鼓 鼓 鼓 鼓 鼓

鼓	鼓	鼓	鼓	鼓	鼓
북 고	북 고	북 고	북 고	북 고	북 고

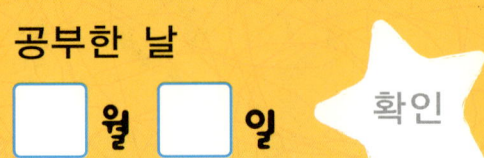

중국간체 凡

几
안석 궤
훈 음

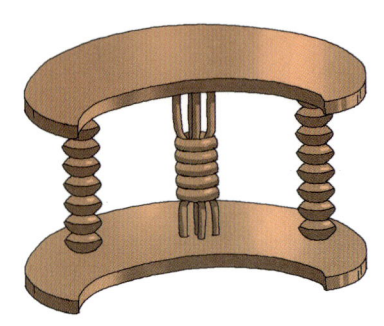

벽에 세워 놓고 앉을 때 몸을 기대는 방석인 안석 모양

다지기

책상 모양이라는 설도 있습니다.

凡 · 무릇 범 3급Ⅱ
凰 · 봉황 황 1급

 다음 부수를 필순에 맞게 써 보세요.

총 2획	几几					
几	几	几	几	几	几	几
안석 궤	안석 궤	안석 궤	안석 궤	안석 궤	안석 궤	안석 궤

未 (중국간체)

耒

쟁기 **뢰**

훈　　　음

쟁기를 한 손으로 잡고 있는 모양

차근차근 다지기

논밭을 갈 때 쓰는 농기구인 쟁기를 뜻합니다. 쟁기나 농기구, 농사와 관련되어 활용됩니다.

급수박사 되기

耕 · 밭 갈 **경** 3급Ⅱ

耨 · 김 맬 **누** 특급

耗 · 소모할 **모** 1급

 다음 부수를 필순에 맞게 써 보세요.

총 6획	耒	耒	耒	耒	耒	耒
耒 쟁기 뢰	耒 쟁기 뢰	耒 쟁기 뢰	耒 쟁기 뢰	耒 쟁기 뢰	耒 쟁기 뢰	耒 쟁기 뢰

오늘의 킹왕짱 부수는?

중국간체 矛

矛
창 모
훈 음

끝이 뾰족한 창 모양

꼼꼼 다지기

자루가 긴 창의 모양입니다. 창과 관련되어 활용됩니다.

급수박사 되기

矜 · 자랑할 긍 1급
矞 · 송곳질할 율 급외

⭐ 다음 부수를 필순에 맞게 써 보세요.

총 5획	矛 矛 矛 矛 矛					
矛	矛	矛	矛	矛	矛	矛
창 모	창 모	창 모	창 모	창 모	창 모	창 모

중국 간체 龠

龠

피리　약

훈　음

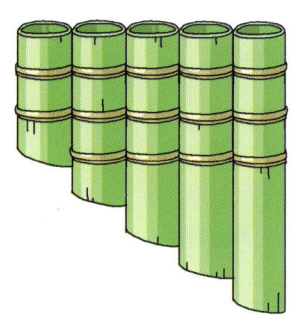

대나무를 엮어 만든 악기의 모양

급급 다지기

대나무에 구멍을 내어 나란하게 묶은 악기의 모양입니다. 구멍에 바람을 불어 소리를
내는 데서 피리의 뜻이 되었습니다.

籲 · 부를　유　특급
龡 · 불　취　급외
龢 · 화할　화　급외

 다음 부수를 필순에 맞게 써 보세요.

총 17획	龠	龠	龠	龠	龠	龠	龠	龠	龠	龠	龠	龠	龠	龠	龠	龠
龠	龠		龠		龠		龠		龠		龠					
피리 약	피리 약		피리 약		피리 약		피리 약		피리 약		피리 약					

오늘의 킹왕짱 부수는?

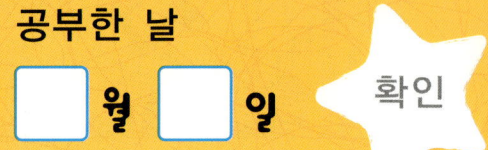

공부한 날 　月　日　확인

중국
간체 瓦

瓦
기와 와
훈　음

지붕 위에 나란히 놓여 있는 기와 모양

 꼼꼼다지기

기와는 진흙으로 빚은 다음 불에 구워 내어 만듭니다. 그래서 이렇게 만들어지는 도자기의 종류나 토기 등과 관련되어 활용됩니다.

급수박사 되기

瓮 ·	독	옹	특급Ⅱ
甄 ·	질그릇	견	2급
甓 ·	벽돌	벽	특급

 다음 부수를 필순에 맞게 써 보세요.

총 5획	瓦 瓦 瓦 瓦 瓦					
瓦	瓦	瓦	瓦	瓦	瓦	瓦
기와 와	기와 와	기와 와	기와 와	기와 와	기와 와	기와 와

오늘의 킹왕짱 부수는?

중국 간체 幺

幺

작을   요

훈   음

꽈배기처럼 꼬인 실의 일부분 모양

다지기

길게 늘어진 실의 일부분만을 그려 '작다'는 뜻이 되었습니다. 갓 태어난 아기 모양에서 '작다'라는 뜻이 되었다는 설도 있습니다.

급수박사 되기

幽 · 그윽할 유 3급Ⅱ   幾 · 몇   기 3급
幼 · 어릴 유 3급Ⅱ
幻 · 헛보일 환 2급

 다음 부수를 필순에 맞게 써 보세요.

총 3획	幺	幺	幺			
幺	幺	幺	幺	幺	幺	幺
작을 요	작을 요	작을 요	작을 요	작을 요	작을 요	작을 요

◎ [1~8] 다음 그림을 보고, 그에 해당하는 부수를 보기 에서 찾아 쓰세요.

보기

鬲 鼓 几 耒 矛 龠 瓦 幺

1.  →  →  →

2.  →  → → →

3. 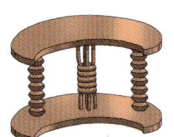 → → →

4. → → →

5.  →  → →

6.  →  → →

7.  →  →  →

8.  → →  → 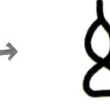 →

◎ [9~16] 다음 부수의 훈과 음을 쓰세요.

9. 鬲 (   )   10. 鼓 (   )

11. 几 (   )   12. 耒 (   )

13. 矛 (   )   14. 侖 (   )

15. 瓦 (   )   16. 幺 (   )

◎ [17~26] 다음 한자의 부수를 보기 에서 찾아 쓰세요.

보기

鬲 鼓 几 耒 矛 侖 瓦 幺

17. 甄(질그릇 견) 2급 [   ]   18. 耕(밭 갈 경) 3급Ⅱ [   ]

19. 矜(자랑할 긍) 1급 [   ]   20. 幾(몇 기) 3급 [   ]

21. 耗(소모할 모) 1급 [   ]   22. 凡(무릇 범) 3급Ⅱ [   ]

23. 幼(어릴 유) 3급Ⅱ [   ]   24. 幽(그윽할 유) 3급Ⅱ [   ]

25. 幻(헛보일 환) 2급 [   ]   26. 凰(봉황 황) 1급 [   ]

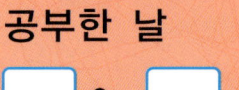

중국 간체 鼎

鼎
솥 정
훈 음

두 개의 귀와 세 개의 발인 달린 청동으로 된 솥 모양

음음 다지기

세발솥*이 왕위(王威)의 상징으로 사용된 데서 '존귀(尊貴)하다'는 뜻도 있습니다. 솥의 종류나 솥의 부분 등과 관련되어 활용됩니다.   *세발솥:세 개의 발과 두 개의 귀가 달린 솥

급수박사 되기

鼐·가마솥 내 특급
鼒·옹달솥* 자 특급

*옹달솥:작고 오목한 솥

 다음 부수를 필순에 맞게 써 보세요.

총 13획	鼎 鼎 鼎 鼎 鼎 鼎 鼎 鼎 鼎 鼎 鼎 鼎 鼎
鼎	鼎 鼎 鼎 鼎 鼎 鼎
솥 정	솥 정　솥 정　솥 정　솥 정　솥 정　솥 정

중국
간체 匕

鬯
울창주　창
훈　음

항아리에 담긴 울창주를 국자로 뜨는 모양

 → → → → →

울창주는 튤립을 넣어 빚은 술로 옛날 연회나 제사에 사용했던 술입니다. 술의 향기나 원료로 쓰이는 풀 등의 의미와 함께 '무성하다' 는 의미로도 활용됩니다.

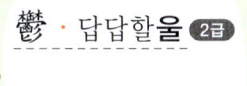
鬱 · 답답할 울 2급

 다음 부수를 필순에 맞게 써 보세요.

총 10획	鬯	鬯	鬯	鬯	鬯	鬯	鬯	鬯	鬯	鬯
鬯 울창주 창	鬯 울창주 창		鬯 울창주 창		鬯 울창주 창		鬯 울창주 창		鬯 울창주 창	

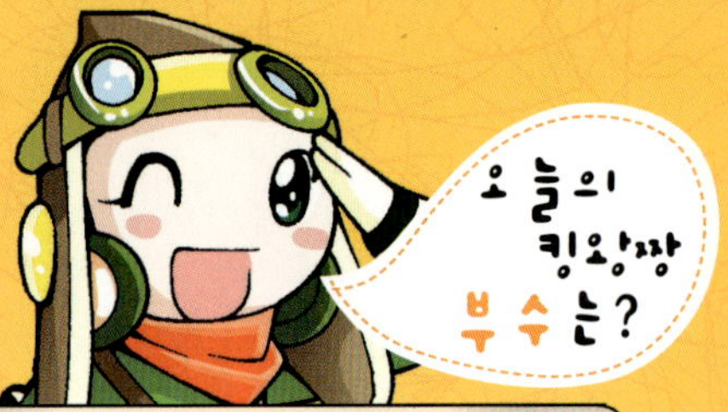

공부한 날

월 일

확인

중국 간체 冖

冖

덮을 멱

훈 · 음

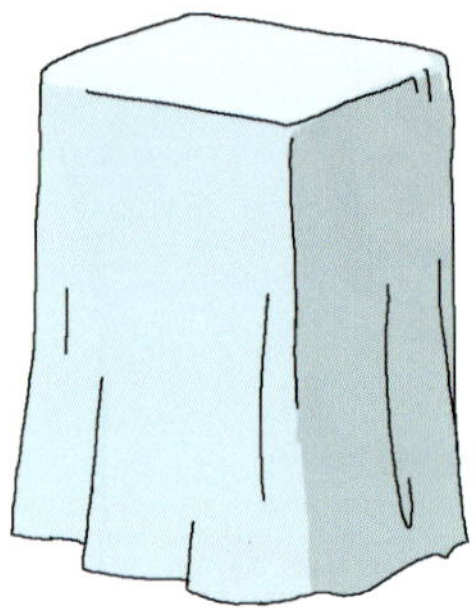

천으로 가린 모양

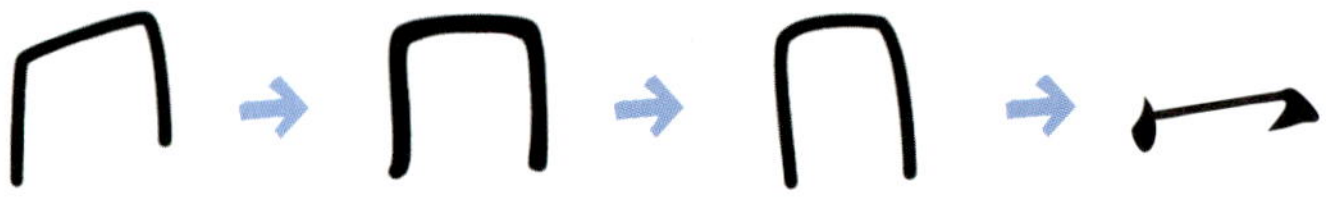

공부 다지기

천으로 만든 보자기로 물건을 덮어 가린 데서 '덮다'는 뜻이 됩니다.

급수박사 되기

- 冠 · 갓 관 3급Ⅱ
- 冥 · 어두울 명 3급
- 冤 · 원통할 원 1급

다음 부수를 필순에 맞게 써 보세요.

총 2획	冖 冖					
冖	冖	冖	冖	冖	冖	冖
덮을 멱	덮을 멱	덮을 멱	덮을 멱	덮을 멱	덮을 멱	덮을 멱

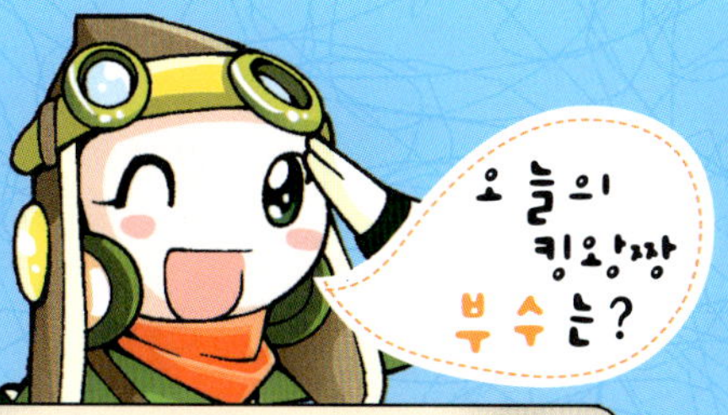

중국 간체 匚

匚

상자 **방**

훈　음

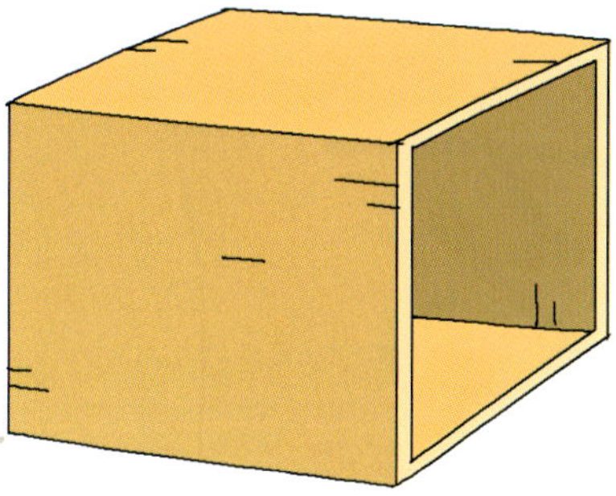

상자를 옆에서 본 모양

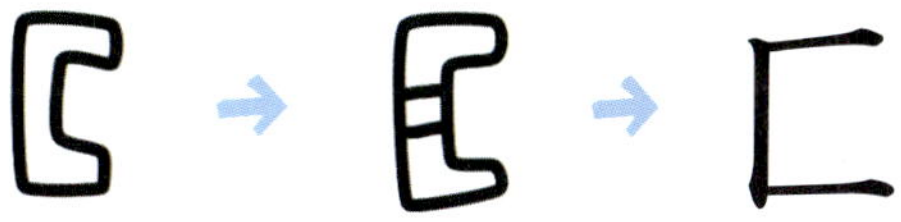

匚 → 匸 → 匚

꼼꼼 다지기

물건을 넣을 수 있는 네모난 상자의 옆 모습입니다.

급수박사 되기

匭 · 상자 궤 특급
匪 · 비적* 비 2급
匠 · 장인 장 1급

*비적 : 떼를 지어 다니며 살인과 약탈을 일삼는 도둑

★ 다음 부수를 필순에 맞게 써 보세요.

총 2획	匚 匚					
匚	匚	匚	匚	匚	匚	匚
상자 방	상자 방	상자 방	상자 방	상자 방	상자 방	상자 방

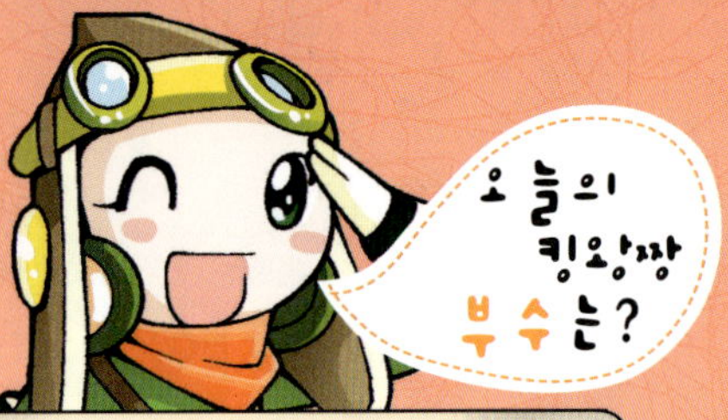

중국간체 玄

玄

검을 **현**

훈   음

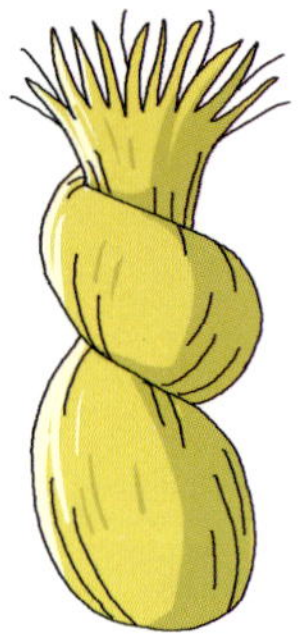

가느다란 실의 머리끝 모양

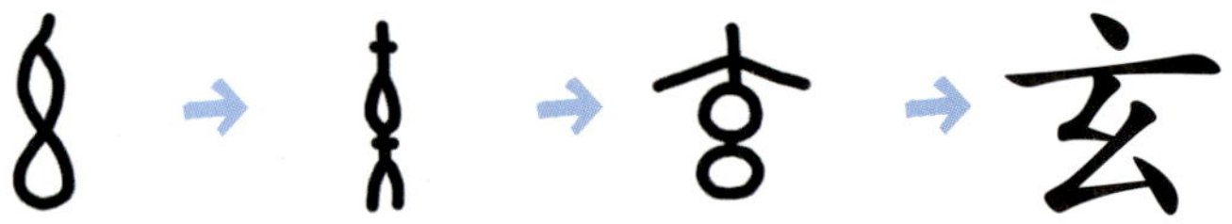

8 → 8 → 흥 → 玄

뜻 다지기

실처럼 가는 것들의 머리끝이 잘 안 보이는 데서 '아득하다, 멀다, 검다'의 뜻이 되었습니다. 가죽을 꼬아 만든 실로 가죽이 검은 데서 '검다'라는 뜻이 되었다는 설도 있습니다.

급수박사 되기

率 · 비율 **률** 3급Ⅱ
玆 · 검을 **자** 3급

⭐ 다음 부수를 필순에 맞게 써 보세요.

총 5획	玄 玄 玄 玄 玄					
玄	玄	玄	玄	玄	玄	玄
검을 현	검을 현	검을 현	검을 현	검을 현	검을 현	검을 현

중국간체 黹

黹

바느질할 치

훈 음

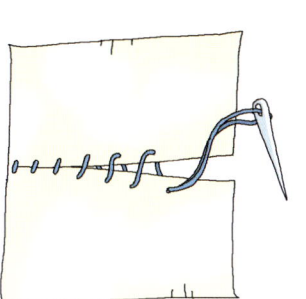

바늘로 천을 꿰매는 모양

꼼꼼 다지기

실을 꿴 바늘로 천이나 옷감을 꿰매는 모양입니다. '수놓다, 바느질하다' 는 뜻이 됩니다. 바느질과 관련되어 활용됩니다.

黻 · 수 불 특급
黼 · 수 보 특급

 다음 부수를 필순에 맞게 써 보세요.

총 12획	黹	黹	黹	黹	黹	黹	黹	黹	黹	黹	黹
黹 바느질할 치	黹 바느질할 치	黹 바느질할 치	黹 바느질할 치	黹 바느질할 치	黹 바느질할 치	黹 바느질할 치					

오늘의 킹왕짱 부수는?

중국 간체 爻

爻

점괘 **효**

훈   음

엇갈린 산가지 모양

솜솜다지기

바닥에 놓여 있는 산가지 모양입니다. 옛날에 산가지*로 점을 보던 데서, '점괘' 라는 뜻이 됩니다.

*산가지:수효를 셈하는 데에 쓰던 막대기.

급수박사 되기

爽 · 시원할 **상** [1급]
爾 · 너   **이** [1급]

 다음 부수를 필순에 맞게 써 보세요.

총 4획	爻 爻 爻 爻					
爻 점괘 효	爻 점괘 효	爻 점괘 효	爻 점괘 효	爻 점괘 효	爻 점괘 효	爻 점괘 효

오른쪽 위에서 왼쪽 아래로 삐친 모양

오른쪽 위에서 왼쪽 아래로 삐치게 그어, 그 방향으로 굽은 것을 가리킵니다. 사물의 동작이나 상태를 나타냅니다.

乖 · 어그러질 괴 [1급]   乘 · 탈   승 [3급Ⅱ]
久 · 오랠 구 [3급Ⅱ]   之 · 갈   지 [3급Ⅱ]
乃 · 이에 내 [3급]   乎 · 어조사 호 [3급]

 다음 부수를 필순에 맞게 써 보세요.

총 1획	ノ					
ノ	ノ	ノ	ノ	ノ	ノ	ノ
삐칠 별	삐칠 별	삐칠 별	삐칠 별	삐칠 별	삐칠 별	삐칠 별

확인학습 ✿

[1~8] 다음 그림을 보고, 그에 해당하는 부수를 보기 에서 찾아 쓰세요.

1. → → →

2. → → →

3. → → →

4. → → →

5. → → →

6. → → →

7. → → →

8. → → →

◎ [9~16] 다음 부수의 훈과 음을 쓰세요.

9. 鼎 (　　　　　　)　　10. 卪 (　　　　　　)

11. 宀 (　　　　　　)　　12. 匚 (　　　　　　)

13. 玄 (　　　　　　)　　14. 歬 (　　　　　　)

15. 爻 (　　　　　　)　　16. 丿 (　　　　　　)

◎ [17~32] 다음 한자의 부수를 보기 에서 찾아 쓰세요.

보기

宀　匚　丿　鼎　卪　歬　玄　爻

17. 冠(갓 관) ^{3급II} ☐　　18. 乖(어그러질 괴) ^{1급} ☐

19. 久(오랠 구) ^{3급II} ☐　　20. 乃(이에 내) ^{3급} ☐

21. 率(비율 률) ^{3급II} ☐　　22. 冥(어두울 명) ^{3급} ☐

23. 匪(비적 비) ^{2급} ☐　　24. 爽(시원할 상) ^{1급} ☐

25. 乘(탈 승) ^{3급II} ☐　　26. 鬱(답답할 울) ^{2급} ☐

27. 冤(원통할 원) ^{1급} ☐　　28. 爾(너 이) ^{1급} ☐

29. 玆(검을 자) ^{3급} ☐　　30. 匠(장인 장) ^{1급} ☐

31. 之(갈 지) ^{3급II} ☐　　32. 乎(어조사 호) ^{3급} ☐

차곡차곡
한자기초 쌓기

한자(漢字)의 3요소

한자는 사물(事物)이나 개념(概念)을 하나의 글자로 나타낸 뜻 글자입니다. 따라서, 각각의 한자는 모양[形]과 소리[音]와 뜻[義]을 가지고 있습니다.

모양[字形]	소리[字音]	뜻[字義]
天	천	하늘
地	지	땅
人	인	사람

육서(六書)

한자(漢字)를 만들고 활용(活用)하는 여섯 가지 방법을 '육서'라고 합니다.

1 상형(象形) : 사물의 모양을 본떠서 만든 것

예

$$☀ → ⊙ → 日$$
$$⛰ → ⛰ → 山$$

➡ 日(날 일) : 해의 모양을 본뜬 글자

➡ 山(메 산) : 산의 모양을 본뜬 글자

2 지사(指事) : 일정한 형태가 없는 생각이나 의미 등을 간단한 점이나 선을 이용하여 만든 것

예

$$ᅳ → ᅩ → 上$$
$$ᅳ → ᅮ → 下$$

➡ 上(윗 상) : 기준선 위에 점을 찍어 위를 나타냄.

➡ 下(아래 하) : 기준선 아래 점을 찍어 아래를 뜻함.

3 회의(會意) : 두 개 이상의 글자가 모여 새로운 뜻의 글자를 만든 것

예

日(날 일) + 月(달 월) ➜ 明(밝을 명)

달빛[月]이 창문 [窓→日]에 비추어 '밝다'라는 뜻이 됨.

木(나무 목) + 木(나무 목) ➜ 林(수풀 림)

나무[木]와 나무[木]가 모여서 된 '수풀'이란 뜻이 됨.

4 형성(形聲) : 뜻 부분과 소리 부분을 결합하여 만든 것

예
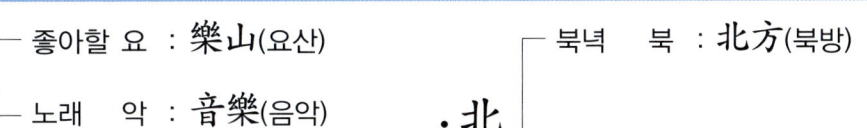

水(물 수) + 靑(푸를 청) → 淸(맑을 청)

　　　뜻 부분　　　　음 부분

人(사람 인) + 主(주인 주) → 住(살 주)

5 전주(轉注) : 한 글자가 관계 있는 다른 뜻으로 사용되게 하는 것

예

· 樂 ┬ 좋아할 요 : 樂山(요산)
　　 ├ 노래　악 : 音樂(음악)
　　 └ 즐길　락 : 歡樂(환락)

· 北 ┬ 북녘　북 : 北方(북방)
　　 └ 달아날 배 : 敗北(패배)

6 가차(假借) : 뜻과 관계없이 소리나 모양을 빌려 쓰는 것

예

Paris ➡ 巴利(파리) : 소리를 빌려서 만든 것

$(dollar) ➡ 弗(불) : 모양을 빌려서 만든 것

한자어(漢字語)의 짜임

1 주술(主述) 관계 : 주어(主語) + 서술어(敍述語) 관계로 이루어진 짜임

예 日∥出 일출 : 해가 뜨다.

春∥來 춘래 : 봄이 오다.

2 술목(述目) 관계 : 서술어(敍述語) + 목적어(目的語) 관계로 이루어진 짜임

예 立│志 입지 : 뜻을 세우다.

知│新 지신 : 새것을 알다.

3 술보(述補) 관계 : 서술어(敍述語) + 보어(補語) 관계로 이루어진 짜임

예 登／山 등산 : 산에 오르다.

有／益 유익 : 이익이 있다.

4 수식(修飾) 관계 : 앞의 글자가 뒤의 글자를 꾸며 주는 짜임

예 靑 山 청산 : 푸른 산   高 飛 고비 : 높이 날다.

5 병렬(竝列) 관계 : 같은 성분의 한자끼리 연이어 결합한 짜임

① 유사 관계 : 뜻이 같거나 비슷한 글자끼리 결합한 짜임

예 土＝地 토지 : 땅   巨＝大 거대 : 아주 큼

② 대립 관계 : 뜻이 대립되는 한자끼리 결합한 짜임

예 上↔下 상하 : 위와 아래   左↔右 좌우 : 왼쪽과 오른쪽

③ 대등 관계 : 대등한 뜻을 지닌 글자끼리 결합한 짜임

예 忠－孝 충효 : 충과 효   草－木 초목 : 풀과 나무

㉣ 첩어 관계 : 같은 글자를 반복 사용하여 뜻을 강조한 짜임

예 堂堂 당당 : 떳떳함   白白 백백 : 새하얀

한자의 필순(筆順)

　필순은 한자를 짜임새 있고 편리하게 쓰기 위하여 정해 놓은 순서입니다. 필순은 개인이나 국가 또는 서체에 따라 조금씩 달라지는 경우도 있습니다. 다음은 우리나라에서 일반적으로 쓰이는 필순의 원칙들입니다.

1 위에서 아래로 쓴다.

三 ➡ 一 二 三

2 왼쪽에서 오른쪽으로 쓴다.

川 ➡ 丿 刂 川

3 가로획을 먼저 쓰고 세로획은 나중에 쓴다.

世 ➡ 一 十 卅 쓰 世

4 좌우가 대칭일 때 가운데를 먼저 쓴다.

水 ➡ 亅 刁 水 水

5 꿰뚫는 획은 나중에 쓴다.

(1) 세로획을 나중에 긋는 경우

中 ➡ 丶 冂 口 中

(2) 가로획을 나중에 긋는 경우

女 ➡ 乚 夊 女

6 꿰뚫는 획이 밑이 막히면 먼저 쓴다.

生 ➡ 丿 ㇒ 牛 生 生

7 삐침 (丿)은 파임 (乀)보다 먼저 쓴다.

文 ➡ 丶 亠 亠 文

8 몸과 안으로 이루어진 글자는 몸을 먼저 쓴다.

同 ➡ 丨 冂 冂 同 同 同

9 오른쪽 위에 있는 점은 나중에 찍는다.

犬 ➡ 一 ナ 大 犬

10 받침 중에서 辶(辶)과 廴은 나중에 쓰고 나머지는 먼저 쓴다.

起 ➡ 一 十 土 卂 走 走 起 起 起

近 ➡ 丶 厂 厂 斤 斤 近 近 近

부수의 위치와 명칭

부수가 글자에 놓이는 위치에 따라 8가지로 부수를 분류합니다. 부수는 반드시 한 가지 분류에 속하지 않으며, 중복되어 속하기도 합니다.

1 변(邊) : 부수가 글자의 왼쪽에 놓여 있는 경우
예 江 (강 **강**) 校 (학교 **교**) 信 (믿을 **신**)

2 방(傍) : 부수가 글자의 오른쪽에 놓여 있는 경우
예 郡 (고을 **군**) 雄 (수컷 **웅**) 初 (처음 **초**)

3 머리 : 부수가 글자의 위쪽에 놓여 있는 경우
예 登 (오를 **등**) 安 (편안할 **안**) 花 (꽃 **화**)

4 발 : 부수가 글자의 아래쪽에 놓여 있는 경우
예 貴 (귀할 **귀**) 然 (그럴 **연**) 兄 (형 **형**)

5 엄 : 부수가 글자의 왼쪽과 위쪽에 걸쳐 놓여 있는 경우
예 房 (방 **방**) 原 (근원 **원**) 庭 (뜰 **정**)

6 받침 : 부수가 글자의 왼쪽에서 밑으로 놓여 있는 경우
예 建 (세울 **건**) 起 (일어날 **기**) 道 (길 **도**)

7 몸 : 부수가 글자의 전체를 에워싸고 있는 경우
예 區 (지경 **구**) 國 (나라 **국**) 問 (물을 **문**)

8 제부수 : 부수가 한 글자 전체를 나타내는 경우
예 金 (쇠 **금**) 女 (계집 **녀**) 山 (메 **산**)

변형 부수

변형 부수란 부수가 다른 글자와 결합하여 새로운 한자가 될 때, 놓이는 위치에 따라 본래 부수 모양에서 달라진 부수를 말합니다. 변형 부수는 그 모양이 달라져도 본래 부수와 똑같은 의미를 갖습니다.

본래 부수	변형 부수	예	본래 부수	변형 부수	예
犬(개 견)	犭	獨	乙(새 을)	乚	亂
刀(칼 도)	刂	利	邑(고을 읍)	阝	郡
老(늙을 로)	耂	考	衣(옷 의)	衤	被
阜(언덕 부)	阝	陽	人(사람 인)	亻	仁
手(손 수)	扌	技	爪(손톱 조)	爫	爭
水(물 수)	氵	海	艸(풀 초)	艹	花
示(보일 시)	礻	礼	火(불 화)	灬	烈
心(마음 심)	忄	情	川(내 천)	巛	巠
玉(구슬 옥)	王	現	攴(칠 복)	攵	改
肉(고기 육)	月	育	辵(쉬엄쉬엄 갈 착)	辶	道

부수를 알기 어려운 한자

부수	한자	
、부	主(주인 주)	
乙부	九(아홉 구)	
｜부	事(일 사)	
二부	五(다섯 오)	
人부	來(올 래)	以(써 이)
儿부	元(으뜸 원)	
入부	内(안 내)	全(온전할 전)
八부	六(여섯 륙)	典(법 전)
冂부	再(두 재)	
凵부	出(날 출)	
刀부	前(앞 전)	初(처음 초)
力부	加(더할 가)	勝(이길 승)
匕부	北(북녘 북)	化(될 화)
十부	半(반 반)	千(일천 천)
又부	反(돌아올 반)	
口부	古(예 고)	命(목숨 명)
大부	夫(지아비 부)	失(잃을 실)
子부	字(글자 자)	孝(효도 효)
巾부	席(자리 석)	
干부	年(해 년)	幸(다행 행)
弓부	弟(아우 제)	
戈부	成(이룰 성)	

부수	한자	
日부	晝(낮 주)	
日부	曲(굽을 곡)	會(모일 회)
木부	業(업 업)	
止부	歷(지날 력)	正(바를 정)
母부	每(매양 매)	母(어미 모)
氏부	民(백성 민)	
水부	氷(얼음 빙)	
田부	男(사내 남)	畵(그림 화)
目부	直(곧을 직)	
肉부	能(능할 능)	
里부	重(무거울 중)	量(헤아릴 량)

색인

부수를 알면
한자가
쉬워집니다

정답

P. 19~20

1. 舌	2. 齒	3. 甘	4. 疋	5. 舛
6. 尢	7. 殳	8. 혀 설	9. 이 치	10. 달 감
11. 발 소	12. 어그러질 천	13. 절름발이 왕	14. 몽둥이 수	15. 殳
16. 舛	17. 舌	18. 殳	19. 疋	20. 甘
21. 疋	22. 尢			

P. 28~29

1. 鬥	2. 走	3. 支	4. 聿	5. 勹
6. 卩	7. 彡	8. 싸울 투	9. 달릴 주	10. 지탱할 지
11. 붓 율	12. 쌀 포	13. 병부 절	14. 머리털 늘어질 표	15. 卩
16. 走	17. 卩	18. 彡	19. 聿	20. 卩
21. 卩	22. 走	23. 走	24. 鬥	25. 勹

P. 42~43

1. 虫	2. 鳥	3. 毛	4. 非	5. 飛
6. 豕	7. 鹿	8. 龍	9. 卜	10. 香
11. 벌레 충	12. 새 조	13. 털 모	14. 아닐 비	15. 날 비
16. 돼지 시	17. 사슴 록	18. 용 룡	19. 점 복	20. 향기 향
21. 虫	22. 鳥	23. 鳥	24. 鳥	25. 毛
26. 飛	27. 豕	28. 豕	29. 鹿	30. 卜

P. 52~53

1. 血　　2. 皿　　3. 缶　　4. 豆　　5. 辛
6. 革　　7. 거북 귀　　8. 맹꽁이 맹　　9. 쥐 서　　10. 발없는벌레치
11. 돼지 머리 계　12. 짐승 발자국 유　13. 분별할 변　14. 皿　　15. 缶
16. 皿　　17. 辛　　18. 辛　　19. 皿　　20. 皿
21. 血　　22. 皿　　23. 豆

P. 65~66

1. 龜　　2. 黽　　3. 鼠　　4. 豸　　5. 彐
6. 内　　7. 禾　　8. 瓜　　9. 韭　　10. 거북 귀
11. 맹꽁이 맹　12. 쥐 서　　13. 발 없는 벌레 치　14. 돼지 머리 계　15. 짐승발자국유
16. 분별할 변　17. 오이 과　　18. 부추 구　　19. 内　　20. 黽
21. 禾　　22. 豸　　23. 内　　24. 禾　　25. 豸
26. 彐　　27. 彐

P. 75~76

1. 麻　　2. 麥　　3. 黍　　4. 齊　　5. 片
6. 鹵　　7. 谷　　8. 鹵　　9. 삼 마　　10. 보리 맥
11. 기장 서　12. 가지런할 제　13. 조각 편　14. 나뭇조각 장　15. 골 곡
16. 소금 로　17. 黍　　18. 鹵　　19. 齊　　20. 鹵
21. 比　　22. 片　　23. 鹵　　24. 麻

P. 87~88

1. 屮
2. 无
3. 牙
4. 而
5. 隶
6. 皮
7. 廾
8. 夂
9. 鬼
10. 왼손 좌
11. 없을 무
12. 어금니 아
13. 말 이을 이
14. 미칠 이
15. 가죽 피
16. 들 공
17. 뒤져 올 치
18. 귀신 귀
19. 鬼
20. 无
21. 而
22. 屮
23. 隶
24. 廾
25. 鬼
26. 廾
27. 鬼

P. 98~99

1. 鬲
2. 鼓
3. 几
4. 耒
5. 矛
6. 龠
7. 瓦
8. 幺
9. 오지병 격
10. 북 고
11. 안석 궤
12. 쟁기 뢰
13. 창 모
14. 피리 약
15. 작을 요
16. 기와 와
17. 几
18. 几
19. 耒
20. 耒
21. 矛
22. 瓦
23. 幺
24. 幺
25. 幺
26. 幺

P. 108~109

1. 鼎
2. 卪
3. 宀
4. 匸
5. 玄
6. 矞
7. 爻
8. 丿
9. 솥 정
10. 울창주 창
11. 덮을 멱
12. 상자 방
13. 검을 현
14. 바느질할 치
15. 점괘 효
16. 삐칠 별
17. 宀
18. 丿
19. 丿
20. 丿
21. 玄
22. 宀
23. 匸
24. 爻
25. 丿
26. 卪
27. 宀
28. 爻
29. 玄
30. 匸
31. 丿
32. 丿

4급

배정한자
쓰기노트

부수를 알면
한자가 쉬워집니다

배정한자 47자

킹왕짱 부수박사
이 책의 구성과 특징

킹왕짱 부수박사 4급 쓰기노트는
한자능력검정시험 4급Ⅱ·4급 배정한자 500자를
부수와 함께 익힐 수 있게 구성하였습니다.

부수박사 본 책을 학습한 후, 쓰기노트를 활용하거나
본 책과 함께 쓰기노트를 활용해도 좋습니다.

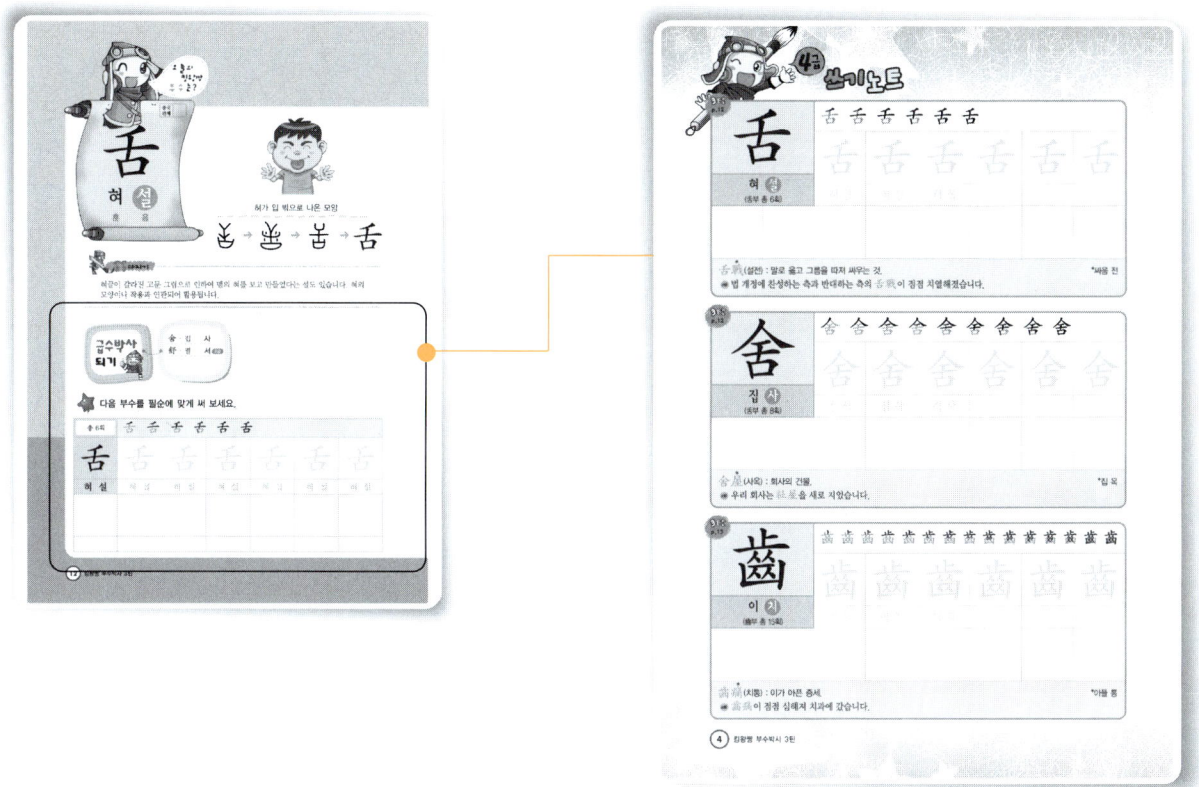
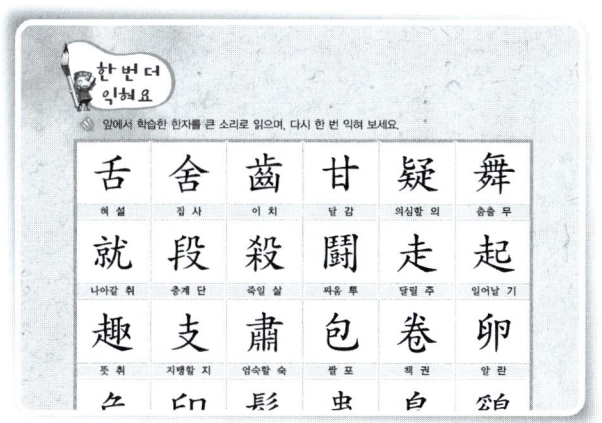
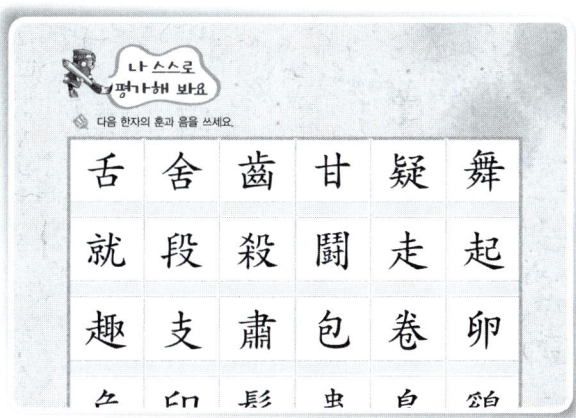

3단
p.12

舌

혀 설
(舌부 총 6획)

舌 舌 舌 舌 舌 舌

舌 舌 舌 舌 舌 舌

혀설   혀설   혀설

舌戰(설전) : 말로 옳고 그름을 따져 싸우는 것.   *싸움 전
예 법 개정에 찬성하는 측과 반대하는 측의 舌戰이 점점 치열해졌습니다.

3단
p.12

舍

집 사
(舌부 총 8획)

舍 舍 舍 舍 舍 舍 舍 舍 舍

舍 舍 舍 舍 舍 舍

집사   집사   집사

舍屋(사옥) : 회사의 건물.   *집 옥
예 우리 회사는 社屋을 새로 지었습니다.

3단
p.13

齒

이 치
(齒부 총 15획)

齒 齒 齒 齒 齒 齒 齒 齒 齒 齒 齒 齒 齒 齒 齒

齒 齒 齒 齒 齒 齒

이치   이치   이치

齒痛(치통) : 이가 아픈 증세.   *아플 통
예 齒痛이 점점 심해져 치과에 갔습니다.

甘

甘 甘 甘 甘 甘

甘 甘 甘 甘 甘 甘

달감 달감 달감

달 **감**
(甘부 총 5획)

甘[*]受(감수) : 어렵거나 괴로운 일을 불만 없이 받아들임.　　　　　　*받을 수
예 그는 성공을 위해서 어떤 시련도 甘受 하겠다고 결심했습니다.

疑

疑 疑 疑 疑 疑 疑 疑 疑 疑 疑 疑 疑 疑 疑

疑 疑 疑 疑 疑 疑

의심할 의 의심할 의 의심할 의

의심할 **의**
(疋부 총 14획)

疑[*]心(의심) : 확실히 알 수 없어 믿지 못함.　　　　　　*마음 심
예 그는 疑心 이 많아 주변 사람들을 잘 믿지 않습니다.

舞

舞 舞 舞 舞 舞 舞 舞 舞 舞 舞 舞 舞 舞 舞

舞 舞 舞 舞 舞 舞

춤출무 춤출무 춤출무

춤출 **무**
(舛부 총 14획)

歌[*]舞(가무) : 노래와 춤.　　　　　　*노래 가
예 동생은 歌舞 에 뛰어난 재능이 있습니다.

3탄
p.17

就

就 就 就 就 就 就 就 就 就 就 就 就

就 就 就 就 就 就

나아갈 **취**
(尤부 총 12획)

나아갈 취　나아갈 취　나아갈 취

就職(취직) : 어떤 직장에 고용되어 일자리를 얻음.　　　　　　　　　　*직업 직
예 삼촌은 대학을 졸업하자마자 就職을 했습니다.

3탄
p.18

段

段 段 段 段 段 段 段 段 段

段 段 段 段 段 段

층계 **단**
(닷부 총 9획)

층계 단　층계 단　층계 단

段階(단계) : 일이 진행되거나 변화하는 각각의 과정.　　　　　　　　　*섬돌 계
예 이 학습지는 총 8段階로 되어 있습니다.

3탄
p.18

殺

殺 殺 殺 殺 殺 殺 殺 殺 殺 殺 殺

殺 殺 殺 殺 殺 殺

죽일 **살**
(닷부 총 11획)

죽일 살　죽일 살　죽일 살

殺生(살생) : 사람이나 짐승을 죽임.　　　　　　　　　　　　　　　　*날 생
예 불교에서는 殺生을 금합니다.

鬪

싸움 투
(鬥부 총 20획)

鬪鬪鬪鬪鬪鬪鬪鬪鬪鬪鬪鬪鬪鬪鬪鬪鬪

鬪 鬪 鬪 鬪 鬪 鬪

싸움 투　싸움 투　싸움 투

鬪*(투지) : 어려움과 맞서거나 싸워 이기고자 하는 의지.　*뜻 지
예 그의 강한 鬪志는 실패를 성공으로 바꾸어 놓았습니다.

走

달릴 주
(走부 총 7획)

走 走 走 走 走 走 走

走 走 走 走 走 走

달릴 주　달릴 주　달릴 주

走者*(주자) : 달리는 사람.　*놈 자
예 선두 走者들이 지금 반환점을 돌고 있습니다.

起

일어날 기
(走부 총 10획)

起 起 起 起 起 起 起 起 起 起 起

起 起 起 起 起 起

일어날 기　일어날 기　일어날 기

起立*(기립) : 여러 사람이 예의를 갖추어야 할 상황에서, 자리에서 일어섬.　*설 립
예 연주가 끝나자 사람들이 모두 起立 박수를 쳤습니다.

3탄
p.22

趣

뜻 취
(走부 총 15획)

趣 趣 趣 趣 趣 趣 趣 趣 趣 趣 趣 趣 趣 趣

趣 趣 趣 趣 趣 趣

뜻 취　뜻 취　뜻 취

趣味(취미) : 직업이나 전문적인 일 외에 재미로 즐기기 위하여 하는 일.
예 나의 趣味는 동전 모으기입니다.

*맛 미

3탄
p.23

支

지탱할 지
(支부 총 4획)

支 支 支 支

支 支 支 支 支 支

지탱할 지　지탱할 지　지탱할 지

支持(지지) : 남의 생각을 옳다고 여겨서 편들거나 도와줌.
예 그의 의견은 학생들의 많은 支持를 받았습니다.

*가질 지

3탄
p.24

肅

엄숙할 숙
(聿부 총 13획)

肅 肅 肅 肅 肅 肅 肅 肅 肅 肅 肅 肅

肅 肅 肅 肅 肅 肅

엄숙할 숙　엄숙할 숙　엄숙할 숙

肅然(숙연) : 고요하고 엄숙함.
예 추모식장에는 肅然한 분위기가 감돌았습니다.

*그럴 연

3단계
p.25

包

쌀 포
(勹부 총 5획)

包 包 包 包 包

包 包 包 包 包 包

쌀 포   쌀 포   쌀 포

包圍 (포위) : 사람이나 동물의 주위를 둘러싸거나 에워쌈.   *에워쌀 위
예 경찰이 범인의 주위를 包圍 했습니다.

3단계
p.26

卷

책 권
(卩부 총 8획)

卷 卷 卷 卷 卷 卷 卷 卷

卷 卷 卷 卷 卷 卷

책 권   책 권   책 권

卷末 (권말) : 책의 끝부분.   *끝 말
예 이 책의 卷末 부록이 마음에 쏙 들었습니다.

3단계
p.26

卵

알 란
(卩부 총 7획)

卵 卵 卵 卵 卵 卵 卵

卵 卵 卵 卵 卵 卵

알 란   알 란   알 란

卵生 (난생) : 동물이 세상에 나올 때 알의 형태로 어미의 몸 밖으로 나오는 일.   *날 생
예 닭은 卵生 동물입니다.

3탄
p.26

危
위태할 위
(卩부 총 6획)

危 危 危 危 危 危

危 危 危 危 危 危

위태할 위　위태할 위　위태할 위

危*(위험) : 안전하지 못하거나 신체·생명에 해가 생길 우려가 있음.　*험할 험
예 그는 危險을 무릅쓰고 물에 빠진 사람을 구했습니다.

3탄
p.26

印
도장 인
(卩부 총 6획)

印 印 印 印 印 印

印 印 印 印 印 印

도장 인　도장 인　도장 인

印象*(인상) : 어떤 대상을 보거나 들으면서 마음에 새겨지는 느낌.　*코끼리 상
예 영화의 마지막 장면이 印象 깊었습니다.

3탄
p.27

髮
터럭 발
(髟부 총 15획)

髮 髮 髮 髮 髮 髮 髮 髮 髮 髮 髮 髮 髮 髮 髮

髮 髮 髮 髮 髮 髮

터럭 발　터럭 발　터럭 발

頭髮*(두발) : 머리에 난 털.　*머리 두
예 학교에 입학하면서 頭髮을 짧게 깎았습니다.

蟲 蟲 蟲 蟲 蟲 蟲 蟲 蟲

벌레 **충**
(虫부 총 18획)

蟲
蟲
蟲
蟲
蟲
蟲

벌레 충　벌레 충　벌레 충

蟲齒*(충치) : 벌레가 파먹어 상한 이.　　　　　　　　　　　　　　　　*이 치
예 사탕을 많이 먹으면 蟲齒가 생기기 쉽습니다.

鳥 鳥 鳥 鳥 鳥 鳥 鳥 鳥 鳥 鳥 鳥

새 **조**
(鳥부 총 11획)

鳥
鳥
鳥
鳥
鳥
鳥

새 조　새 조　새 조

鳥類*(조류) : 날개가 있고 온몸이 깃털로 덮여 있으며 알을 낳는 동물의 무리.　　*무리 류
예 이곳은 鳥類 보호지역입니다.

鷄 鷄 鷄 鷄 鷄 鷄 鷄 鷄 鷄 鷄 鷄

鷄

닭 **계**
(鳥부 총 21획)

鷄
鷄
鷄
鷄
鷄
鷄

닭 계　닭 계　닭 계

鷄卵*(계란) : 닭이 낳은 알.　　　　　　　　　　　　　　　　　　　　*알 란
예 엄마가 鷄卵을 삶아 주셨습니다.

鳴

3탄 p.33

鳴 鳴 鳴 鳴 鳴 鳴 鳴 鳴 鳴 鳴 鳴 鳴 鳴 鳴

鳴 鳴 鳴 鳴 鳴 鳴

울 **명**
(鳥부 총 14획)

울 명　울 명　울 명

悲鳴(비명) : 몹시 놀라거나 아프거나 하여 자기도 모르게 지르는 외마디 소리.

예 숲속에서 悲鳴 소리가 들려왔습니다.

*슬플 비

毛

3탄 p.34

毛 毛 毛 毛

毛 毛 毛 毛 毛 毛

털 **모**
(毛부 총 4획)

털 모　털 모　털 모

毛髮(모발) : 사람의 머리털.

예 이 샴푸는 毛髮에 영양을 공급하고 윤기를 더하여 줍니다.

*터럭 발

非

3탄 p.35

非 非 非 非 非 非 非 非

非 非 非 非 非 非

아닐 **비**
(非부 총 8획)

아닐 비　아닐 비　아닐 비

非難(비난) : 남의 잘못이나 결점을 나쁘게 말함.

예 부실 공사를 한 건설 회사에 非難이 쏟아졌습니다.

*어려울 난

飛

날 비
(飛부 총 9획)

飛 飛 飛 飛 飛 飛 飛 飛 飛

飛 飛 飛 飛 飛 飛

날비　　날비　　날비

飛行(비행) : 비행기 등이 하늘을 날아다님.　　　　　　　*다닐 행

예 내가 탄 비행기는 지금 태평양 위를 飛行하고 있습니다.

象

코끼리 상
(豕부 총 12획)

象 象 象 象 象 象 象 象 象 象 象 象

象 象 象 象 象 象

코끼리 상　코끼리 상　코끼리 상

象形(상형) : 어떠한 물건의 모양을 본뜸.　　　　　　　*모양 형

예 사물의 모양을 보고 만든 문자를 象形 문자라고 합니다.

豫

미리 예
(豕부 총 16획)

豫 豫 豫 豫 豫 豫 豫 豫 豫 豫 豫 豫 豫 豫 豫 豫

豫 豫 豫 豫 豫 豫

미리 예　미리 예　미리 예

豫定(예정) : 앞으로 어떻게 하리라고 미리 정함.　　　　*정할 정

예 기차는 8시에 출발할 豫定입니다.

麗

3탄 p.38

麗麗麗麗麗麗麗麗麗麗麗麗麗麗麗麗

麗 麗 麗 麗 麗 麗

고울 려
(鹿부 총 19획)

고울 려　고울 려　고울 려

*華麗(화려) : 겉모양이 빛나고 아름다움.　　　　　　　　　　*빛날 화
예 거리는 華麗한 불빛으로 빛나고 있었습니다.

龍

3탄 p.39

龍龍龍龍龍龍龍龍龍龍龍龍龍龍龍龍

龍 龍 龍 龍 龍 龍

용 룡
(龍부 총 16획)

용룡　　용룡　　용룡

龍王*(용왕) : 바다 속에 있는 용궁을 다스린다는 임금.　　　*임금 왕
예 龍王은 상상 속의 임금입니다.

占

3탄 p.40

占占占占占

占 占 占 占 占 占

점칠 점
(卜부 총 5획)

점칠 점　점칠 점　점칠 점

占術*(점술) : 점치는 법.　　　　　　　　　　　　　　　*재주 술
예 태어난 날짜는 占術에서 중요하게 다루어집니다.

3단 p.41

香

香 香 香 香 香 香 香 香 香

香 香 香 香 香 香

향기 향 향기 향 향기 향

향기 **향**
(香부 총 9획)

香氣* (향기) : 꽃이나 향수, 향 등에서 나는 기분 좋은 냄새.   *기운 기
예 香氣로운 꽃 냄새가 났습니다.

3단 p.46

血

血 血 血 血 血 血

血 血 血 血 血 血

피 혈 피 혈 피 혈

피 **혈**
(血부 총 6획)

血液* (혈액) : 피, 사람이나 동물의 몸속을 흐르고 있는 붉은빛의 액체.   *액체 액
예 아픈 곳을 정확히 알기 위해서 血液 검사를 했습니다.

3단 p.46

衆

衆 衆 衆 衆 衆 衆 衆 衆 衆 衆 衆 衆

衆 衆 衆 衆 衆 衆

무리 중 무리 중 무리 중

무리 **중**
(血부 총 12획)

大*衆 (대중) : 한 사회의 대부분을 이루는 보통의 사람들.   *큰 대
예 버스나 전철 같은 大衆 교통을 이용합시다.

3탄 p.47

監

監 監 監 監 監 監 監 監 監 監 監 監 監 監

監 監 監 監 監 監

볼 감
(皿부 총 14획)

볼 감　볼 감　볼 감

監*(감시) : 잘못을 저지르거나 문제를 일으키지 않도록 살피고 지켜봄.

예 이곳은 監視 카메라가 설치되어 있습니다.

*볼 시

3탄 p.47

盜

盜 盜 盜 盜 盜 盜 盜 盜 盜 盜 盜 盜

盜 盜 盜 盜 盜 盜

도둑 도
(皿부 총 12획)

도둑 도　도둑 도　도둑 도

盜聽*(도청) : 기계 장치를 이용하여 남의 말을 몰래 엿들음.

예 전화를 盜聽하는 것은 불법 행위입니다.

*들을 청

3탄 p.47

盛

盛 盛 盛 盛 盛 盛 盛 盛 盛 盛 盛 盛

盛 盛 盛 盛 盛 盛

성할 성
(皿부 총 12획)

성할 성　성할 성　성할 성

盛行*(성행) : 매우 왕성하게 행해짐.

예 과소비가 盛行하고 있습니다.

*다닐 행

益

더할 익
(皿부 총 10획)

益 益 益 益 益 益 益 益 益 益

益 益 益 益 益 益

더할 익　더할 익　더할 익

*國益(국익) : 나라의 이익.
예 개인의 이익보다는 國益을 먼저 생각해야 합니다.

*나라 국

盡

다할 진
(皿부 총 14획)

盡 盡 盡 盡 盡 盡 盡 盡 盡 盡 盡 盡 盡 盡

盡 盡 盡 盡 盡 盡

다할 진　다할 진　다할 진

*消盡(소진) : 줄거나 다 쓰이거나 하여 없어지는 것.
예 어머니는 기력이 점점 消盡되어 갔습니다.

*사라질 소

缺

어지러질 결
(缶부 총 10획)

缺 缺 缺 缺 缺 缺 缺 缺 缺 缺

缺 缺 缺 缺 缺 缺

이지러질 결　이지러질 결　이지러질 결

缺點(결점) : 사람이나 사물의 모자라거나 불충분한 점.
예 내 동생의 缺點은 고집이 너무 센 것입니다.

*점 점

3단
p.49

豆
豆 豆 豆 豆 豆 豆 豆

콩 **두**
(豆부 총 7획)

豆	豆	豆	豆	豆	豆
콩두	콩두	콩두			

豆乳*(두유) : 진하게 만든 콩국.
예 豆乳를 먹는 사람들이 많아졌습니다.

*젖 유

3단
p.49

豊
豊 豊 豊 豊 豊 豊 豊 豊 豊 豊 豊 豊 豊

풍년 **풍**
(豆부 총 13획)

豊	豊	豊	豊	豊	豊
풍년풍	풍년풍	풍년풍			

豊富*(풍부) : 양이 넉넉하게 많음.
예 언니는 감정이 豊富합니다.

*부자 부

3단
p.50

辯
辯 辯

말씀 **변**
(辛부 총 21획)

辯	辯	辯	辯	辯	辯
말씀변	말씀변	말씀변			

辯明*(변명) : 자신의 말이나 행동, 실수 등에 대하여 남이 이해하도록 그 이유를 말함.
예 나는 잘못을 辯明하지 않고 용서를 빌었습니다.

*밝을 명

3단 p.50

辭

말씀 사
(辛부 총 19획)

辭 辭 辭 辭 辭 辭 辭 辭 辭 辭 辭 辭 辭

辭 辭 辭 辭 辭 辭

말씀 사 말씀 사 말씀 사

辭表(사표) : 일하던 직장을 그만두겠다는 뜻을 적은 문서. *겉 표

예 전 직원이 辭表를 냈습니다.

3단 p.51

革

가죽 혁
(革부 총 9획)

革 革 革 革 革 革 革 革 革

革 革 革 革 革 革

가죽 혁 가죽 혁 가죽 혁

改革(개혁) : 사회의 제도나 조직, 풍습 등을 아주 새롭게 바꿈. *고칠 개

예 새 대통령은 부패한 정치를 改革하겠다는 강한 의지를 보였습니다.

앞에서 학습한 한자를 큰 소리로 읽으며, 다시 한 번 익혀 보세요.

舌	舍	齒	甘	疑	舞
혀 설	집 사	이 치	달 감	의심할 의	춤출 무
就	段	殺	鬪	走	起
나아갈 취	층계 단	죽일 살	싸움 투	달릴 주	일어날 기
趣	支	肅	包	卷	卵
뜻 취	지탱할 지	엄숙할 숙	쌀 포	책 권	알 란
危	印	髮	蟲	鳥	鷄
위태할 위	도장 인	터럭 발	벌레 충	새 조	닭 계
鳴	毛	非	飛	象	豫
울 명	털 모	아닐 비	날 비	코끼리 상	미리 예
麗	龍	占	香	血	衆
고울 려	용 룡	점칠 점	향기 향	피 혈	무리 중
監	盜	盛	益	盡	缺
볼 감	도둑 도	성할 성	더할 익	다할 진	이지러질 결
豆	豊	辯	辭	革	
콩 두	풍년 풍	말씀 변	말씀 사	가죽 혁	

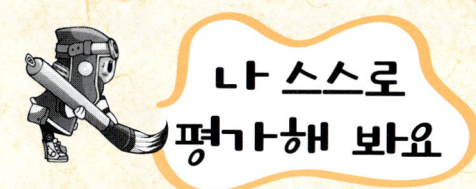

다음 한자의 훈과 음을 쓰세요.

舌	舍	齒	甘	疑	舞
就	段	殺	鬪	走	起
趣	支	肅	包	卷	卵
危	印	髮	蟲	鳥	鷄
鳴	毛	非	飛	象	豫
麗	龍	占	香	血	衆
監	盜	盛	益	盡	缺
豆	豊	辯	辭	革	

📖 다음 훈과 음에 해당하는 한자를 쓰세요.

혀 설	집 사	이 치	달 감	의심할 의	춤출 무
나아갈 취	충계 단	죽일 살	싸움 투	달릴 주	일어날 기
뜻 취	지탱할 지	엄숙할 숙	쌀 포	책 권	알 란
위태할 위	도장 인	터럭 발	벌레 충	새 조	닭 계
울 명	털 모	아닐 비	날 비	코끼리 상	미리 예
고울 려	용 룡	점칠 점	향기 향	피 혈	무리 중
볼 감	도둑 도	성할 성	더할 익	다할 진	이지러질 결
콩 두	풍년 풍	말씀 변	말씀 사	가죽 혁	

배정한자 학습을
완성시켜 주는 453자

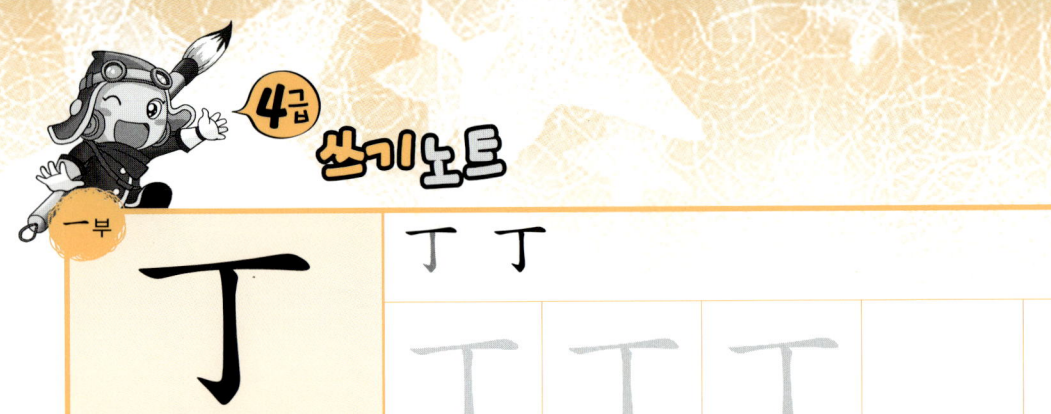

一부

丁 丁

丁 丁 丁

장정 정
(一부 총 2획)

장정 정 | 장정 정 | 장정 정

兵丁 (병정) : 군사와 사병을 이르는 말.
예 兵丁들이 힘차게 행진하고 있습니다.

*병사 병

乙부

亂 亂 亂 亂 亂 亂 亂 亂 亂 亂 亂 亂 亂

亂 亂 亂

어지러울 란
(乙부 총 13획)

어지러울 란 | 어지러울 란 | 어지러울 란

亂立 (난립) : 질서 없이 여기저기서 나섬.
예 무허가 건물이 여기저기 亂立해 있습니다.

*설 립

乳 乳 乳 乳 乳 乳 乳 乳

乳 乳 乳

젖 유
(乙부 총 8획)

젖 유 | 젖 유 | 젖 유

乳兒 (유아) : 젖을 먹는 어린아이.
예 乳兒가 엄마 등에 업혀 방긋 웃고 있습니다.

*아이 아

人부

假 假 假 假 假 假 假 假 假 假 假

假 假 假

거짓 가
(人부 총 11획)

거짓 가 | 거짓 가 | 거짓 가

假面 (가면) : 사람이나 동물의 얼굴을 본떠 얼굴이 가려지도록 덮어 쓰는 물건.
예 학예회 때 어린이들이 갖가지 假面을 쓰고 노래를 불렀습니다.

*얼굴 면

個

낱 개
(人부 총 10획)

個 個 個 個 個 個 個 個 個 個

個 個 個

낱 개 낱 개 낱 개

個人*(개인) : 따로 독립된 한 사람 한 사람.   *사람 인

예 형은 이 대회에 단체가 아닌 個人 자격으로 참여했습니다.

傑

뛰어날 걸
(人부 총 12획)

傑 傑 傑 傑 傑 傑 傑 傑 傑 傑 傑 傑

傑 傑 傑

뛰어날 걸 뛰어날 걸 뛰어날 걸

傑作*(걸작) : 매우 뛰어난 예술 작품.   *지을 작

예 레오나르도 다 빈치는 '모나리자'를 비롯한 많은 傑作을 남겼습니다.

儉

검소할 검
(人부 총 15획)

儉 儉 儉 儉 儉 儉 儉 儉 儉 儉 儉 儉 儉 儉

儉 儉 儉

검소할 검 검소할 검 검소할 검

儉素*(검소) : 사치스럽지 않고 수수함.   *본디 소

예 선생님은 儉素한 생활을 하십니다.

傾

기울 경
(人부 총 13획)

傾 傾 傾 傾 傾 傾 傾 傾 傾 傾 傾 傾

傾 傾 傾

기울 경 기울 경 기울 경

傾聽*(경청) : 남의 말을 정신 차리고 잘 들음.   *들을 청

예 학생들은 모두 교장 선생님 말씀을 傾聽하였습니다.

係 係 係 係 係 係 係 係 係

係
맬 계
(人部 총 9획)

係 係 係
맬계 맬계 맬계

*關係(관계) : 둘 이상의 사람, 사물, 현상 따위가 서로 관련을 맺거나 관련이 있음.　　　　*관계할 관
예 사람들은 모두 다른 사람과 關係를 맺고 살아갑니다.

兩 兩 兩 兩 兩 兩 兩 兩

兩
두 량
(人部 총 8획)

兩 兩 兩
두량 두량 두량

兩*國(양국) : 서로 어떤 관계가 있는 두 나라.　　　　*나라 국
예 兩國은 무역 협정을 맺었습니다.

伐 伐 伐 伐 伐 伐

伐
칠 벌
(人部 총 6획)

伐 伐 伐
칠벌 칠벌 칠벌

伐*木(벌목) : 심어져 있는 나무를 베어 냄.　　　　*나무 목
예 이 산에서는 伐木이 금지되어 있습니다.

保 保 保 保 保 保 保 保 保

保
지킬 보
(人部 총 9획)

保 保 保
지킬 보 지킬 보 지킬 보

保*護(보호) : 사람이나 사물이 위험이나 곤란을 당하지 않도록 보살펴 지킴.　　　　*도울 호
예 경찰은 국민의 생명과 재산을 保護하는 일을 합니다.

伏

엎드릴 복
(人부 총 6획)

伏 伏 伏 伏 伏 伏

伏 伏 伏

엎드릴 복　엎드릴 복　엎드릴 복

降伏(항복) : 져서 적에게 굴복함.　　　　　　　　　　　*항복할 항

예 경찰은 범인에게 降伏을 권유하였습니다.

佛

부처 불
(人부 총 7획)

佛 佛 佛 佛 佛 佛 佛

佛 佛 佛

부처 불　부처 불　부처 불

佛教(불교) : 기원전 5세기에 인도의 석가모니가 세운 종교.　　*가르칠 교

예 어머니는 독실한 佛教 신자입니다.

備

갖출 비
(人부 총 12획)

備 備 備 備 備 備 備 備 備 備 備

備 備 備

갖출 비　갖출 비　갖출 비

備品(비품) : 항시 사용하기 때문에 늘 갖춰 놓고 쓰는 물건.　　*물건 품

예 교실에는 우리들이 사용하는 備品이 담겨져 있는 상자가 있습니다.

傷

다칠 상
(人부 총 13획)

傷 傷 傷 傷 傷 傷 傷 傷 傷 傷 傷 傷 傷

傷 傷 傷

다칠 상　다칠 상　다칠 상

傷處(상처) : 몸을 다쳐서 찢어지거나 벗겨지거나 한 자리.　　*곳 처

예 나는 달리기를 하다가 넘어져 무릎에 傷處가 생겼습니다.

俗

풍속 **속**
(人부 총 9획)

俗 俗 俗 俗 俗 俗 俗 俗 俗

俗 俗 俗

풍속 속   풍속 속   풍속 속

俗談*(속담) : 예부터 사람들 사이에 전해 오는 교훈이 담긴 짧은 말.   *말씀 담

예 세 살 적 버릇이 여든까지 간다는 俗談이 있습니다.

修

닦을 **수**
(人부 총 10획)

修 修 修 修 修 修 修 修 修 修

修 修 修

닦을 수   닦을 수   닦을 수

修正*(수정) : 잘못된 것을 바로잡아 고침.   *바를 정

예 처음 세운 계획을 일부 修正하였습니다.

優

뛰어날 **우**
(人부 총 17획)

優 優 優 優 優 優 優 優 優 優 優 優 優 優 優 優 優

優 優 優

뛰어날 우   뛰어날 우   뛰어날 우

優勝*(우승) : 경기나 경주 등의 결승전에서 이긴 승리.   *이길 승

예 우리 팀은 큰 점수 차로 優勝을 차지했습니다.

儒

선비 **유**
(人부 총 16획)

儒 儒 儒 儒 儒 儒 儒 儒 儒 儒 儒 儒 儒 儒 儒 儒

儒 儒 儒

선비 유   선비 유   선비 유

儒敎*(유교) : 공자의 가르침을 받드는 종교.   *가르칠 교

예 儒敎는 우리 생활에 많은 영향을 끼쳤습니다.

仁

仁 仁 仁 仁

仁 仁 仁

어질 인 어질 인 어질 인

어질 인
(人부 총 4획)

仁術* (인술) : 사람을 살리는 어진 기술이라는 뜻.   *재주 술

예 그 의사 선생님은 세계 곳곳을 돌아다니며 仁術을 베풀고 있습니다.

依

依 依 依 依 依 依 依 依

依 依 依

의지할 의 의지할 의 의지할 의

의지할 의
(人부 총 8획)

依存* (의존) : 어떤 것에 기대어 영향을 받거나 도움을 받음.   *있을 존

예 부모님께 依存하지 말고, 스스로 하는 힘을 길러야 합니다.

儀

儀儀儀儀儀儀儀儀儀儀儀儀儀儀儀

儀 儀 儀

거동 의 거동 의 거동 의

거동 의
(人부 총 15획)

儀式* (의식) : 형식과 절차를 갖춘 행사나 예식.   *법 식

예 그들은 혼인 儀式을 치르고 부부가 되었습니다.

低

低 低 低 低 低 低 低

低 低 低

낮을 저 낮을 저 낮을 저

낮을 저
(人부 총 7획)

低速* (저속) : 느린 속도.   *빠를 속

예 버스는 低速으로 출발하였습니다.

侵

侵 侵 侵 侵 侵 侵 侵 侵 侵

침노할 침
(人부 총 9획)

侵*犯(침범) : 남의 땅을 함부로 들어가거나 남의 권리를 함부로 짓밟음. *범할 범
예 해적이 우리 어선을 侵犯하는 일이 발생하였습니다.

候

候 候 候 候 候 候 候 候 候 候

기후 후
(人부 총 10획)

氣*候(기후) : 한 지역에 여러 해에 걸쳐 나타나는 평균적인 날씨 상태. *기운 기
예 환경오염으로 氣候 변화가 일어나고 있습니다.

冂부

冊

冊 冊 冊 冊 冊

책 책
(冂부 총 5획)

冊*房(책방) : 책을 파는 가게. *방 방
예 학교 앞에는 작은 冊房이 있습니다.

刀부

刻

刻 刻 刻 刻 刻 刻 刻 刻

새길 각
(刀부 총 8획)

刻*印(각인) : 도장을 새김, 어떤 일이 마음에 오래 잊히지 않게 되는 것. *도장 인
예 그 연주자의 연주가 마음속에 刻印 되었습니다.

券	券 券 券 券 券 券 券 券
문서 권 (刀부 총 8획)	券 券 券 〔빈칸〕〔빈칸〕〔빈칸〕 문서 권 문서 권 문서 권

*食券(식권) : 음식점에서 돈 대신 내고 음식을 먹을 수 있는 표.   *밥 식
예 이 식당은 돈 대신 食券을 받습니다.

劇	劇 劇 劇 劇 劇 劇 劇 劇 劇 劇 劇 劇 劇 劇 劇
심할 극 (刀부 총 15획)	劇 劇 劇 〔빈칸〕〔빈칸〕〔빈칸〕 심할 극 심할 극 심할 극

劇*的(극적) : 어떤 일이 매우 갑작스럽고 놀라우면서 감동적이고 인상적인 것.   *과녁 적
예 잃어버린 아이를 劇的으로 찾았습니다.

列	列 列 列 列 列 列
벌일 렬 (刀부 총 6획)	列 列 列 〔빈칸〕〔빈칸〕〔빈칸〕 벌일 렬 벌일 렬 벌일 렬

列*車(열차) : 기관차에 여러 대의 객차나 화차를 연결하여 철로 위를 다닐 수 있게 만든 탈 것.   *수레 차
예 列車가 플랫폼으로 들어오고 있습니다.

副	副 副 副 副 副 副 副 副 副 副 副
버금 부 (刀부 총 11획)	副 副 副 〔빈칸〕〔빈칸〕〔빈칸〕 버금 부 버금 부 버금 부

副*業(부업) : 주된 직업 외에 남는 시간을 이용하여 하는 일.   *업 업
예 형은 副業으로 저녁에 주유소에서 일을 합니다.

制

制 制 制 制 制 制 制 制

制 制 制

절제할 제
(刀부 총 8획)

절제할 제 절제할 제 절제할 제

制*限(제한) : 일정한 한도를 정하거나 그것을 넘지 못하게 함.   *한할 한
예 이곳은 制限 구역이라 관계자만 출입할 수 있습니다.

創

創 創 創 創 創 創 創 創 創 創 創 創

創 創 創

비롯할 창
(刀부 총 12획)

비롯할 창 비롯할 창 비롯할 창

創*造(창조) : 없던 것을 처음으로 만듦.   *지을 조
예 우리는 새로운 민족 문화를 創造 해야 합니다.

判

判 判 判 判 判 判 判

判 判 判

판단할 판
(刀부 총 7획)

판단할 판 판단할 판 판단할 판

判*決(판결) : 일의 옳고 그름을 판단하여 결정함.   *결단할 결
예 판사가 判決 을 내렸습니다.

刑

刑 刑 刑 刑 刑 刑

刑 刑 刑

형벌 형
(刀부 총 6획)

형벌 형 형벌 형 형벌 형

刑*事(형사) : 범죄를 수사하고 범인을 체포하는 일을 맡아 하는 사복 경찰관.   *일 사
예 刑事가 범인을 쫓고 있습니다.

勸
권할 권
(力부 총 20획)

勸 勸 勸 勸 勸 勸 勸 勸 勸 勸 勸 勸 勸 勸 勸 勸 勸

勸 勸 勸
권할 권　권할 권　권할 권

勸告*(권고) : 어떤 일을 하도록 말하여 권함.　　　　　　　　*알릴 고
예 의사 선생님은 환자에게 요양을 勸告 했습니다.

勤
부지런할 근
(力부 총 13획)

勤 勤 勤 勤 勤 勤 勤 勤 勤 勤 勤 勤 勤

勤 勤 勤
부지런할 근　부지런할 근　부지런할 근

勤勉*(근면) : 성실하고 부지런함.　　　　　　　　*힘쓸 면
예 우리나라 사람들은 매우 勤勉합니다.

努
힘쓸 노
(力부 총 7획)

努 努 努 努 努 努 努

努 努 努
힘쓸 노　힘쓸 노　힘쓸 노

努力*(노력) : 어떤 일을 이루기 위해 애쓰거나 힘씀.　　　　　　*힘 력
예 꾸준히 努力한 끝에 목적을 이루었습니다.

勉
힘쓸 면
(力부 총 9획)

勉 勉 勉 勉 勉 勉 勉 勉 勉

勉 勉 勉
힘쓸 면　힘쓸 면　힘쓸 면

勉學*(면학) : 학문에 힘씀.　　　　　　　　*배울 학
예 우리 반은 勉學 분위기가 점점 좋아졌습니다.

務

務 務 務 務 務 務 務 務 務 務 務

務 務 務

힘쓸 무
(力부 총 11획)

힘쓸 무　힘쓸 무　힘쓸 무

*義務(의무) : 사람으로서 당연히 해야 할 일.　*옳을 의
예 투표를 하는 것은 국민의 권리이자 義務입니다.

勢

勢 勢 勢 勢 勢 勢 勢 勢 勢 勢 勢 勢 勢

勢 勢 勢

형세 세
(力부 총 13획)

형세 세　형세 세　형세 세

勢力*(세력) : 나라나 집단이 가지고 있는 힘.　*힘 력
예 고구려는 만주 일대에까지 그 勢力을 떨쳤습니다.

助

助 助 助 助 助 助 助

助 助 助

도울 조
(力부 총 7획)

도울 조　도울·조　도울 조

助言*(조언) : 말로 거들거나 깨우쳐 주어서 돕는 것.　*말씀 언
예 형은 내게 공부하는 요령에 대해 助言해 주었습니다.

博

十부

博 博 博 博 博 博 博 博 博 博 博 博

博 博 博

넓을 박
(十부 총 12획)

넓을 박　넓을 박　넓을 박

博士*(박사) : 대학에서 주는 가장 높은 학위.　*선비 사
예 우리 선생님은 아무리 어려운 문제도 척척 해결해 주시는 척척博士입니다.

協	協 協 協 協 協 協 協 協
화할 **협** (十부 총 8획)	協 協 協
	화할 협　화할 협　화할 협

協同 (협동) : 어떤 일을 하는 데에 여러 사람이 힘과 마음을 합침.　　　　　*한가지 동
예 온 마을 사람들이 協同하여 물에 잠긴 집들을 복구했습니다.

厂부	
厚	厚 厚 厚 厚 厚 厚 厚 厚 厚
두터울 **후** (厂부 총 9획)	厚 厚 厚
	두터울 후　두터울 후　두터울 후

厚德 (후덕) : 인품이나 언행이 어질고 덕이 많음.　　　　　*덕 덕
예 우리 할아버지는 厚德한 인품으로 사람들의 존경을 받았습니다.

又부	
受	受 受 受 受 受 受 受 受
받을 **수** (又부 총 8획)	受 受 受
	받을 수　받을 수　받을 수

受講 (수강) : 강의나 강습을 받음.　　　　　*강론할 강
예 석 달 동안 컴퓨터 강좌를 受講하였습니다.

叔	叔 叔 叔 叔 叔 叔 叔 叔
아재비 **숙** (又부 총 8획)	叔 叔 叔
	아재비 숙　아재비 숙　아재비 숙

叔父 (숙부) : 작은아버지.　　　　　*아비 부
예 우리 叔父님은 공무원입니다.

取 取 取 取 取 取 取 取

取	取	取			

取
가질 취
(又부 총 8획)

가질 취　가질 취　가질 취

取得(취득) : 어떤 물건을 자기 것으로 가지거나 자격, 권리, 점수 등을 얻음.　　　　*얻을 득

예 어머니가 드디어 운전면허를 取得했습니다.

句 句 句 句 句

句	句	句			

句
글귀 구
(口부 총 5획)

글귀 구　글귀 구　글귀 구

句節(구절) : 한 도막의 말이나 글.　　　　*마디 절

예 책을 읽다가 좋은 句節이 있으면 밑줄을 쳤습니다.

君 君 君 君 君 君 君

君	君	君			

君
임금 군
(口부 총 7획)

임금 군　임금 군　임금 군

暴君(폭군) : 포악한 임금.　　　　*사나울 폭

예 왕은 왕비가 죽은 후 暴君으로 바뀌었습니다.

器 器 器 器 器 器 器 器 器 器 器 器 器 器 器 器

器	器	器			

器
그릇 기
(口부 총 16획)

그릇 기　그릇 기　그릇 기

器具(기구) : 비교적 쉽게 다루거나 사용할 수 있는 기계나 도구.　　　　*갖출 구

예 공원 곳곳에 운동 器具가 설치되어 있습니다.

單	單 單 單 單 單 單 單 單 單 單 單 單
	單 單 單
사람 인	홑단 홑단 홑단
(口부 총 12획)	

單獨*(단독) : 혼자 또는 하나인 상태.   *홀로 독
예 이것은 제가 單獨으로 한 일입니다.

味	味 味 味 味 味 味 味 味
	味 味 味
맛 미	맛미 맛미 맛미
(口부 총 8획)	

味覺*(미각) : 맛을 느끼는 감각.   *깨달을 각
예 봄나물이 味覺을 돋우었습니다.

否	否 否 否 否 否 否 否
	否 否 否
아닐 부	아닐부 아닐부 아닐부
(口부 총 7획)	

否認*(부인) : 어떤 사실을 인정하지 않음.   *알 인
예 범인은 자신의 범행을 否認했습니다.

嚴	嚴 嚴 嚴 嚴 嚴 嚴 嚴 嚴 嚴 嚴 嚴 嚴 嚴 嚴 嚴 嚴 嚴 嚴 嚴
	嚴 嚴 嚴
엄할 엄	엄할엄 엄할엄 엄할엄
(口부 총 20획)	

嚴格*(엄격) : 규율, 말, 태도, 성격 등이 엄하고 철저함.   *격식 격
예 우리 학교는 규율이 매우 嚴格합니다.

員 員 員 員 員 員 員 員 員 員

員

員 員 員

員
인원 인
(口부 총 10획)

인원 원　인원 원　인원 원

會員 (회원) : 어떤 모임을 이루는 사람.　　　　　　　　　　　　*모일 회
예 이번 행사에 많은 會員 들이 참여했습니다.

周 周 周 周 周 周 周 周

周

周 周 周

周
두루 주
(口부 총 8획)

두루 주　두루 주　두루 주

周圍 (주위) : 어떤 것을 중심으로 한 그 둘레.　　　　　　　　　*에워쌀 위
예 병아리들이 어미 周圍 에서 삐악거리며 놀고 있습니다.

呼 呼 呼 呼 呼 呼 呼 呼

呼

呼 呼 呼

呼
부를 호
(口부 총 8획)

부를 호　부를 호　부를 호

呼出 (호출) : 전화나 전신 따위의 신호로 상대편을 부르는 일.　　*나갈 출
예 엘리베이터 안에는 비상 呼出 버튼이 있습니다.

吸 吸 吸 吸 吸 吸 吸

吸

吸 吸 吸

吸
마실 흡
(口부 총 7획)

마실 흡　마실 흡　마실 흡

吸收 (흡수) : 물체가 물기나 아주 미세한 물질을 안으로 스며들게 함.　*거둘 수
예 속옷은 면으로 되어 있어 땀을 잘 吸收 합니다.

喜	喜 喜 喜 喜 喜 喜 喜 喜 喜 喜 喜 喜		
기쁠  (口부 총 12획)	喜 기쁠 희	喜 기쁠 희	喜 기쁠 희			

喜*悲(희비) : 기쁨과 슬픔.　　　　　　　　　　　　　　　*슬플 비
예 시험에 통과한 사람과 그렇지 못한 사람들의 喜悲가 엇갈렸습니다.

口부

困	困 困 困 困 困 困 困		
곤할 곤 (口부 총 7획)	困 곤할 곤	困 곤할 곤	困 곤할 곤			

困*境(곤경) : 어려운 처지.　　　　　　　　　　　　　　　*지경 경
예 그는 困境에 빠진 친구를 적극적으로 도와주었습니다.

圓	圓 圓 圓 圓 圓 圓 圓 圓 圓 圓 圓 圓 圓		
둥글  (口부 총 13획)	圓 둥글 원	圓 둥글 원	圓 둥글 원			

圓*滿(원만) : 성격이나 행동이 모난 데가 없이 부드럽고 너그러움.　　　*찰 만
예 언니는 圓滿한 성격이라서 주위에 친구가 많습니다.

圍	圍 圍 圍 圍 圍 圍 圍 圍 圍 圍 圍 圍		
에워쌀  (口부 총 12획)	圍 에워쌀 위	圍 에워쌀 위	圍 에워쌀 위			

*包圍(포위) : 사람이나 동물의 주위를 둘러싸거나 에워쌈.　　　　　*쌀 포
예 사람들은 멧돼지가 도망가지 못하도록 包圍를 하였습니다.

回

돌아올 **회**
(口부 총 6획)

回回回回回回

回　回　回
돌아올 회　돌아올 회　돌아올 회

回轉(회전) : 물체가 한 점을 축으로 하거나 중심으로 하여 돎.
예 팽이가 빠른 속도로 回轉합니다.
*구를 전

堅

굳을 **견**
(土부 총 11획)

堅堅堅堅堅堅堅堅堅堅堅

堅　堅　堅
굳을 견　굳을 견　굳을 견

堅固(견고) : 물건이나 건물 등이 단단하고 튼튼함.
예 이 책상은 堅固하게 만들어졌습니다.
*굳을 고

境

지경 **경**
(土부 총 14획)

境境境境境境境境境境境境境境

境　境　境
지경 경　지경 경　지경 경

境界(경계) : 어떤 지역과 다른 지역이 구분되는 자리.
예 이 고개는 경기도와 강원도의 境界를 이룹니다.
*지경 계

均

고를 **균**
(土부 총 7획)

均 均 均 均 均 均 均

均　均　均
고를 균　고를 균　고를 균

均一(균일) : 여럿의 크기나 수준 등이 차이가 없이 모두 같음.
예 엄마는 식빵을 均一하게 썰어 우리에게 나누어 주었습니다.
*한 일

墓

墓 墓 墓 墓 墓 墓 墓 墓 墓 墓 墓 墓 墓 墓

墓 墓 墓

무덤 묘
(土部 총 14획)

무덤 묘　무덤 묘　무덤 묘

墓地*(묘지) : 무덤이 있는 땅.　　　　　　　　　　　　　　*땅 지
예 墓地 주위에 나무를 심었습니다.

壁

壁 壁 壁 壁 壁 壁 壁 壁 壁 壁 壁 壁 壁 壁 壁 壁

壁 壁 壁

벽 벽
(土部 총 16획)

벽 벽　　벽 벽　　벽 벽

壁紙*(벽지) : 벽에 바르는 종이.　　　　　　　　　　　　*종이 지
예 방에 壁紙를 새로 발랐더니 집 안 분위기가 확 달라졌습니다.

報

報 報 報 報 報 報 報 報 報 報 報 報

報 報 報

알릴 보
(土部 총 12획)

알릴 보　알릴 보　알릴 보

報告*(보고) : 어떤 일의 내용이나 결과를 말이나 글로 알림.　　*고할 고
예 나비를 관찰한 결과를 報告 하겠습니다.

城

城 城 城 城 城 城 城 城 城 城

城 城 城

재 성
(土部 총 10획)

재 성　　재 성　　재 성

城壁*(성벽) : 성의 담벼락.　　　　　　　　　　　　　　　*벽 벽
예 城壁을 높게 쌓아올렸습니다.

壓 壓 壓 壓 壓 壓 壓 壓 壓 壓 壓 壓 壓 壓 壓 壓 壓

壓
누를 압
(土部 총 17획)

壓	壓	壓		
누를 압	누를 압	누를 압		

壓力*(압력) : 어떤 물체가 다른 물체를 누르거나 미는 힘.
예 둑이 불어난 물의 壓力을 받아 무너져 버렸습니다.

*힘 력

域 域 域 域 域 域 域 域 域 域 域 域

域
지경 역
(土部 총 11획)

域	域	域		
지경 역	지경 역	지경 역		

全*域(전역) : 어느 지역의 전체.
예 이 영화는 세계 全域에서 동시에 개봉됩니다.

*온전할 전

增 增 增 增 增 增 增 增 增 增 增 增 增 增 增

增
더할 증
(土部 총 15획)

增	增	增		
더할 증	더할 증	더할 증		

增加*(증가) : 수나 양이 많아짐.
예 날씨가 추워지자 감기 환자가 增加하였습니다.

*더할 가

壯 壯 壯 壯 壯 壯 壯

士부

壯
장할 장
(士部 총 7획)

壯	壯	壯		
장할 장	장할 장	장할 장		

壯士*(장사) : 몸이 크고 힘이 센 사람.
예 그는 힘이 어찌나 센지 당해 낼 壯士가 없었습니다.

*선비 사

奇

기특할 기
(大部 총 8획)

奇 奇 奇 奇 奇 奇 奇 奇

奇 奇 奇

기특할 기　기특할 기　기특할 기

奇妙*(기묘) : 색달라 이상야릇함.

例 이 산에는 奇妙한 모양의 바위들이 많이 있습니다.

*묘할 묘

獎

장려할 장
(大部 총 14획)

獎 獎 獎 獎 獎 獎 獎 獎 獎 獎 獎 獎 獎 獎

獎 獎 獎

장려할 장　장려할 장　장려할 장

勸*獎(권장) : 어떤 일을 하라고 권하여 힘쓰도록 북돋워 줌.

例 선생님이 勸獎 도서 목록을 나눠 주었습니다.

*권할 권

妹

누이 매
(女部 총 8획)

妹 妹 妹 妹 妹 妹 妹 妹

妹 妹 妹

누이 매　누이 매　누이 매

男*妹(남매) : 한 부모 밑에 태어난 남자와 여자.

例 어머니는 6男妹 중 막내입니다.

*사내 남

妙

묘할 묘
(女部 총 7획)

妙 妙 妙 妙 妙 妙 妙

妙 妙 妙

묘할 묘　묘할 묘　묘할 묘

妙技*(묘기) : 놀랍도록 뛰어난 재주나 기술.

例 위험한 妙技는 절대 따라하면 안 됩니다.

*재주 기

妨	妨 妨 妨 妨 妨 妨 妨
방해할 **방** (女부 총 7획)	妨 妨 妨 방해할 방　방해할 방　방해할 방

妨*害(방해) : 어떤 일을 제대로 하지 못하도록 함.　　　　　　　　　　　*해할 해
예 동생이 내가 공부하는 것을 자꾸 妨害합니다.

婦	婦 婦 婦 婦 婦 婦 婦 婦 婦 婦 婦
며느리 **부** (女부 총 11획)	婦 婦 婦 며느리 부　며느리 부　며느리 부

*主婦(주부) : 한 가정의 살림살이를 맡아 하는 안주인.　　　　　　　　*주인 주
예 요즈음은 主婦를 대상으로 한 강습이 많습니다.

如	如 如 如 如 如 如
같을 **여** (女부 총 6획)	如 如 如 같을 여　같을 여　같을 여

如*前(여전) : 전과 다름없음.　　　　　　　　　　　　　　　　　　　*앞 전
예 그의 말버릇은 예나 지금이나 如前했습니다.

委	委 委 委 委 委 委 委 委
맡길 **위** (女부 총 8획)	委 委 委 맡길 위　맡길 위　맡길 위

委*任(위임) : 남에게 어떤 일의 책임을 맡김.　　　　　　　　　　　　*맡길 임
예 할아버지는 공장의 관리를 아버지에게 모두 委任하셨습니다.

威

威 위엄 **위**
(女部 총 9획)

威 威 威 威 威 威 威 威 威

威 威 威
위엄 위　위엄 위　위엄 위

威信(위신) : 존중받아야 할 지위나 역할에서 오는 위엄.　　　　　　*믿을 신
예 학생은 학교의 威信을 떨어뜨리는 행동을 해서는 안 됩니다.

姿

姿 모양 **자**
(女部 총 9획)

姿 姿 姿 姿 姿 姿 姿 姿 姿

姿 姿 姿
모양 자　모양 자　모양 자

姿勢(자세) : 몸을 움직이거나 가누는 모양이나 태도.　　　　　　*형세 세
예 잘못된 姿勢로 오래 앉아 있으면 허리가 굽습니다.

姉

姉 손윗누이 **자**
(女部 총 8획)

姉 姉 姉 姉 姉 姉 姉 姉

姉 姉 姉
손윗누이 자　손윗누이 자　손윗누이 자

姉妹(자매) : 한 부모 밑에 태어난 여자 형제.　　　　　　*누이 매
예 나와 언니는 꼭 닮은 쌍둥이 姉妹입니다.

好

好 좋아할 **호**
(女部 총 6획)

好 好 好 好 好 好

好 好 好
좋아할 호　좋아할 호　좋아할 호

好感(호감) : 어떤 사람에 대해 느끼는 좋은 감정.　　　　　　*느낄 감
예 철수는 생글생글 웃는 영희에게 好感이 갔습니다.

婚 婚 婚 婚 婚 婚 婚 婚 婚 婚 婚

婚 婚 婚

혼인할 혼
(女부 총 11획)

婚 婚 婚
혼인할 혼　혼인할 혼　혼인할 혼

婚期 (혼기) : 혼인하기에 알맞은 나이.　　　　　　　　　　　*기약할 기

예 이모는 婚期가 꽉 찼습니다.

子부

季 季 季 季 季 季 季 季

季 季 季

계절 계
(子부 총 8획)

계절 계　계절 계　계절 계

季節 (계절) : 한 해를 기후에 따라 넷으로 나눈 각 시기.　　　　　　　*마디 절

예 가을은 수확의 季節입니다.

孤 孤 孤 孤 孤 孤 孤 孤

孤 孤 孤

외로울 고
(子부 총 8획)

외로울 고　외로울 고　외로울 고

孤獨 (고독) : 마음을 나눌 사람이 없어 쓸쓸함.　　　　　　　　　　*홀로 독

예 할머니가 돌아가신 후 할아버지는 혼자 孤獨하게 사셨습니다.

孔 孔 孔 孔

孔 孔 孔

구멍 공
(子부 총 4획)

구멍 공　구멍 공　구멍 공

毛孔 (모공) : 털이 나는 작은 구멍.　　　　　　　　　　　　　　*털 모

예 요즈음은 毛孔 관리 화장품이 인기입니다.

存

存 存 存 存 存 存

있을 존
(子부 총 6획)

存*在(존재) : 실제로 있는 것.
예 나는 신의 存在를 믿습니다.

*있을 재

官

宀부

官 官 官 官 官 官 官 官

벼슬 관
(宀부 총 8획)

官*廳(관청) : 나라의 여러 가지 일을 맡아보는 기관.
예 식당을 하려면 관할 官廳에 신고를 해야 합니다.

*관청 청

宮

宮 宮 宮 宮 宮 宮 宮 宮 宮 宮

집 궁
(宀부 총 10획)

宮*女(궁녀) : 궁궐에서 왕과 왕비를 모시며 시중들던 여자.
예 백제 의자왕과 함께 삼천 宮女가 낙화암에서 떨어져 죽었다고 합니다.

*계집 녀

寄

寄 寄 寄 寄 寄 寄 寄 寄 寄 寄 寄

부칠 기
(宀부 총 11획)

寄*與(기여) : 어떤 일에 도움이 되는 역할을 함.
예 교장 선생님은 우리 학교의 발전에 크게 寄與하셨습니다.

*더불 여

密	密 密 密 密 密 密 密 密 密 密 密
빽빽할 **밀** (宀부 총 11획)	密 密 密
	빽빽할 밀 / 빽빽할 밀 / 빽빽할 밀

密集(밀집) : 한곳에 빽빽하게 모임.   *모을 집
예 농촌에 비해 도시는 인구가 密集해 있습니다.

寶	寶 寶 寶 寶 寶 寶 寶 寶 寶 寶 寶 寶 寶 寶 寶 寶 寶 寶 寶 寶
보배 **보** (宀부 총 20획)	寶 寶 寶
	보배 보 / 보배 보 / 보배 보

寶物(보물) : 매우 드물고 귀한 물건.   *물건 물
예 놀부는 흥부네처럼 박 속에서 온갖 寶物이 쏟아지기를 기대하며 박을 탔습니다.

富	富 富 富 富 富 富 富 富 富 富 富 富
부자 **부** (宀부 총 12획)	富 富 富
	부자 부 / 부자 부 / 부자 부

富貴(부귀) : 재산이 많고 지위가 높음.   *귀할 귀
예 이 마을은 특산물을 재배하여 富貴를 누리게 되었습니다.

宣	宣 宣 宣 宣 宣 宣 宣 宣 宣
베풀 **선** (宀부 총 9획)	宣 宣 宣
	베풀 선 / 베풀 선 / 베풀 선

宣傳(선전) : 어떤 일이나 주장을 여러 사람에게 알리기 위해 널리 퍼뜨림.   *전할 전
예 새로운 상품을 텔레비전을 통하여 대대적으로 宣傳했습니다.

守 守 守 守 守 守

守 守 守

지킬 수
(宀부 총 6획)

지킬 수　지킬 수　지킬 수

守*備(수비) : 상대편의 공격을 막고 지킴.　　　　　　　*갖출 비

예 선수들이 모두 골문을 守備하였습니다.

容 容 容 容 容 容 容 容 容 容

容 容 容

얼굴 용
(宀부 총 10획)

얼굴 용　얼굴 용　얼굴 용

容*量(용량) : 일정한 용기 안에 들어갈 수 있는 분량.　　　　　　*헤아릴 량

예 이 냉장고는 容量이 아주 큽니다.

宗 宗 宗 宗 宗 宗 宗 宗

宗 宗 宗

마루 종
(宀부 총 8획)

마루 종　마루 종　마루 종

宗*孫(종손) : 종가의 대를 이을 맏아들이나 맏손자.　　　　　　*손자 손

예 할아버지는 宗孫인 남동생에게 매일 아침 달걀을 주었습니다.

察 察 察 察 察 察 察 察 察 察 察 察 察 察

察 察 察

살필 찰
(宀부 총 14획)

살필 찰　살필 찰　살필 찰

查*察(사찰) : 어떤 일이 규정에 따라 처리되고 있는지를 조사하여 살핌.　　*조사할 사

예 오늘 세무서에서 查察이 나왔습니다.

寢

잘 침
(宀부 총 14획)

寢寢寢寢寢寢寢寢寢寢寢寢寢寢

寢 寢 寢

잘 침　잘 침　잘 침

寢室(침실) : 잠을 자는 방.　*집 실

예 밤이 되자 동생은 잠을 자러 寢室로 들어갔습니다.

寸부

導

인도할 도
(寸부 총 16획)

導導導導導導導導導導導導導導導導

導 導 導

인도할 도　인도할 도　인도할 도

導入(도입) : 끌어들이는 것.　*들 입

예 새 제품을 생산하기 위해 첨단 기술을 導入했습니다.

寺

절 사
(寸부 총 6획)

寺 寺 寺 寺 寺 寺

寺 寺 寺

절 사　절 사　절 사

寺院(사원) : 불교, 이슬람교 등에서 예배를 드리기 위해 세운 건물.　*집 원

예 이 도시에는 역사와 문화를 느낄 수 있는 寺院이 많이 있습니다.

射

쏠 사
(寸부 총 10획)

射 射 射 射 射 射 射 射 射 射

射 射 射

쏠 사　쏠 사　쏠 사

射殺(사살) : 총이나 활 등으로 쏘아 죽임.　*죽일 살

예 우리를 나간 늑대가 射殺된 채 발견되었습니다.

將 將 將 將 將 將 將 將 將 將 將

將
將 將 將

장수 **장**
(寸부 총 11획)

장수 장　장수 장　장수 장

將軍(장군) : 군대를 이끌고 지휘하는 우두머리.　　　　　　　　　　　　*군사 군
예 거북선은 이순신 將軍이 만든 군함입니다.

專 專 專 專 專 專 專 專 專 專 專

專
專 專 專

오로지 **전**
(寸부 총 11획)

오로지 전　오로지 전　오로지 전

專攻(전공) : 어떤 분야에 대해 전문적으로 공부하고 연구함.　　　　　　　*칠 공
예 나는 천문학을 專攻하고 싶습니다.

尊 尊 尊 尊 尊 尊 尊 尊 尊 尊 尊 尊

尊
尊 尊 尊

높을 **존**
(寸부 총 12획)

높을 존　높을 존　높을 존

尊重(존중) : 높이 받들고 귀중하게 여김.　　　　　　　　　　　　*무거울 중
예 소수의 의견도 尊重해야 합니다.

尸부

居 居 居 居 居 居 居 居

居
居 居 居

살 **거**
(尸부 총 8획)

살 거　살 거　살 거

居室(거실) : 가족이 공동으로 사용하고 손님을 맞이하기도 하는 실내의 넓은 공간.　*집 실
예 온 가족이 居室에 모여 즐거운 시간을 가졌습니다.

屈 屈 屈 屈 屈 屈 屈 屈

屈
굽힐 굴
(尸부 총 8획)

屈 屈 屈
굽힐 굴 굽힐 굴 굽힐 굴

屈曲*(굴곡) : 형태가 반듯하지 않고 이리저리 굽어 꺾임.   *굽을 곡
예 고개를 넘어가는 도로의 屈曲을 따라 조심조심 차를 몰았습니다.

屬 屬

屬
붙일 속
(尸부 총 21획)

屬 屬 屬
붙일 속 붙일 속 붙일 속

屬國*(속국) : 다른 나라의 지배를 받는 나라.   *나라 국
예 그 나라는 우리나라를 자기 나라의 屬國으로 여겼습니다.

層 層 層 層 層 層 層 層 層 層 層 層 層 層 層

層
층 층
(尸부 총 15획)

層 層 層
층 층 층 층 층 층

層階*(층계) : 걸어서 층 사이를 오르내릴 수 있도록 턱이 지게 만들어 놓은 설비.   *섬돌 계
예 層階를 급히 내려오다가 넘어져 굴렀습니다.

山부

崇 崇 崇 崇 崇 崇 崇 崇 崇 崇 崇

崇
높을 숭
(山부 총 11획)

崇 崇 崇
높을 숭 높을 숭 높을 숭

崇拜*(숭배) : 어떤 사람이나 자연물을 신처럼 높이 우러러 받듦.   *절 배
예 원시 시대에는 태양이 신으로 崇拜되었습니다.

工부		
巨	巨 巨 巨 巨 巨	
클 **거** (工부 총 5획)	巨 巨 巨 / 클 거 클 거 클 거	

巨人*(거인) : 키와 몸집이 보통 이상으로 매우 큰 사람.　　　　*사람 인

例 '펑' 하는 소리와 함께 램프에서 巨人이 나타났습니다.

差	差 差 差 差 差 差 差 差 差 差	
다를 **차** (工부 총 10획)	差 差 差 / 다를 차 다를 차 다를 차	

差別*(차별) : 차이를 두어 구별함.　　　　*다를 별

例 옛날에는 남녀 差別이 심하였습니다.

巾부		
帶	帶 帶 帶 帶 帶 帶 帶 帶 帶 帶 帶	
띠 **대** (巾부 총 11획)	帶 帶 帶 / 띠 대 띠 대 띠 대	

熱*帶(열대) : 지구의 적도 부근에 있는 매우 더운 지역.　　　　*더울 열

例 우리나라에서도 熱帶 과일을 맛볼 수 있습니다.

師	師 師 師 師 師 師 師 師 師 師	
스승 **사** (巾부 총 10획)	師 師 師 / 스승 사 스승 사 스승 사	

師範*(사범) : 유도·태권도 등을 가르치는 사람.　　　　*법 범

例 태권도 師範의 시범이 있었습니다.

常 常 常 常 常 常 常 常 常 常 常

常
떳떳할 상
(巾부 총 11획)

常 常 常
떳떳할 상　떳떳할 상　떳떳할 상

常識(상식) : 보통 사람이 가지고 있거나 가져야 할 지식이나 판단력.　*알 식
예 그는 常識에 어긋나는 행동은 하지 않습니다.

帳 帳 帳 帳 帳 帳 帳 帳 帳 帳 帳

帳
장막 장
(巾부 총 11획)

帳 帳 帳
장막 장　장막 장　장막 장

通帳(통장) : 은행 등에서, 예금과 출금의 내용을 적어 주는 작은 장부.　*통할 통
예 월급 通帳을 어머니께 맡겼습니다.

帝 帝 帝 帝 帝 帝 帝 帝 帝

帝
임금 제
(巾부 총 9획)

帝 帝 帝
임금 제　임금 제　임금 제

帝王(제왕) : 막강한 권력을 가진 황제나 왕.　*임금 왕
예 동물의 帝王은 호랑이라고 생각합니다.

布 布 布 布 布

布
베 포
(巾부 총 5획)

布 布 布
베포　베포　베포

公布(공포) : 국가 기관이 새로 정해진 법률, 조약, 명령 등을 사회의 모든 사람에게 정식으로 알림.　*공평할 고
예 이 법령은 公布된 날로부터 시행합니다.

希	希 希 希 希 希 希 希					
바랄 희	希	希	希			
(巾부 총 7획)	바랄 희	바랄 희	바랄 희			

希望(희망) : 어떤 일을 이루거나 얻고자 바라는 것.　　　　　　　　　　　*바랄 망
예 어린이는 미래의 希望입니다.

干부

干	干 干 干					
방패 간	干	干	干			
(干부 총 3획)	방패 간	방패 간	방패 간			

干與(관여) : 관계하여 청구함.　　　　　　　　　　　*참여할 여
예 이 일에 干與한 사람은 오직 저뿐입니다.

广부

康	康 康 康 康 康 康 康 康 康 康 康					
편안할 강	康	康	康			
(广부 총 11획)	편안할 강	편안할 강	편안할 강			

康健(강건) : 기력이 튼튼함.　　　　　　　　　　　*굳셀 건
예 우리 할아버지는 여든이 넘으셨지만 아직 康健하십니다.

庫	庫 庫 庫 庫 庫 庫 庫 庫 庫 庫					
곳집 고	庫	庫	庫			
(广부 총 10획)	곳집 고	곳집 고	곳집 고			

金庫(금고) : 화재나 도난을 막기 위하여 돈 따위를 간수하여 보관하는 데 쓰는 물건.　*쇠 금
예 도둑들은 金庫를 부수고 현금과 수표를 모두 털어 달아났습니다.

府 府 府 府 府 府 府 府

府 府 府

府
마을 **부**
(广부 총 8획)

마을부　마을부　마을부

政府 (정부) : 나라를 다스리는 조직.　　　　　　　　　　　　　　　*정사 정
예 政府는 산불 예방을 위해 대대적인 캠페인을 벌일 계획입니다.

床 床 床 床 床 床 床

床 床 床

床
상 **상**
(广부 총 7획)

상상　상상　상상

冊床 (책상) : 앉아서 책을 읽거나 글을 쓸 때에 앞에 놓고 쓰는 상.　　　*책 책
예 공부를 마친 후, 冊床을 정리했습니다.

底 底 底 底 底 底 底 底

底 底 底

底
밑 **저**
(广부 총 8획)

밑저　밑저　밑저

底力 (저력) : 속에 간직하고 있는 든든한 힘.　　　　　　　　　　　*힘 력
예 우리 민족은 어려움을 이겨 내는 底力을 가지고 있습니다.

座 座 座 座 座 座 座 座 座 座

座 座 座

座
자리 **좌**
(广부 총 10획)

자리 좌　자리 좌　자리 좌

座席 (좌석) : 앉는 자리.　　　　　　　　　　　　　　　　　　　*자리 석
예 기차에 座席이 없어서 우리는 서서 가야만 했습니다.

廳 廳 廳 廳 廳 廳 廳 廳 廳 廳 廳 廳 廳 廳 廳 廳 廳 廳

廳 관청 **청**
(广부 총 25획)

廳	廳	廳			
관청 청	관청 청	관청 청			

廳舍* (청사) : 관청의 건물.
예 에너지 절약을 위해 정부 종합 廳舍에서 주차료를 받고 있습니다.

*집 사

延 延 延 延 延 延 延

延 늘일 **연**
(廴부 총 7획)

延	延	延			
늘일 연	늘일 연	늘일 연			

延長* (연장) : 본래 정했던 시간이나 길이를 늘임.
예 과학의 발달로 사람의 수명이 延長되었습니다.

*긴 장

引 引 引 引

引 끌 **인**
(弓부 총 4획)

引	引	引			
끌 인	끌 인	끌 인			

引上* (인상) : 물건의 가격, 임금, 요금 등을 올림.
예 버스 요금이 또 引上되었습니다.

*위 상

張 張 張 張 張 張 張 張 張 張 張

張 베풀 **장**
(弓부 총 11획)

張	張	張			
베풀 장	베풀 장	베풀 장			

主張* (주장) : 자기의 의견이나 학설을 내세움.
예 그는 자기 主張만 내세우려는 버릇이 있다.

*주인 주

彈 彈 彈 彈 彈 彈 彈 彈 彈 彈 彈 彈 彈 彈 彈

彈 彈 彈

탄알 탄
(弓부 총 15획)

탄알 탄　탄알 탄　탄알 탄

彈力 (탄력) : 용수철처럼 튀거나 팽팽하게 버티는 힘.　*힘 력

예 이 쿠션은 彈力 이 아주 좋습니다.

彳부

徒 徒 徒 徒 徒 徒 徒 徒 徒 徒 徒

徒 徒 徒

무리 도
(彳부 총 10획)

무리 도　무리 도　무리 도

信徒 (신도) : 어떤 일정한 종교를 믿는 사람.　*믿을 신

예 이 교회는 信徒 수가 많습니다.

得 得 得 得 得 得 得 得 得 得 得

得 得 得

얻을 득
(彳부 총 11획)

얻을 득　얻을 득　얻을 득

得點 (득점) : 시험이나 경기에서 점수를 얻음, 또는 그 점수.　*점 점

예 우리 선수들이 得點 할 때마다 관중들은 함성을 질렀습니다.

律 律 律 律 律 律 律 律 律

律 律 律

법칙 률
(彳부 총 9획)

법칙 률　법칙 률　법칙 률

律動 (율동) : 주기적이고 규칙적이면서 조화롭게 이루어지는 움직임.　*움직일 동

예 음악에 맞춰 律動 을 하는 아이들의 모습이 참 귀여웠습니다.

復

회복할 복
(彳부 총 12획)

復 復 復 復 復 復 復 復 復 復 復 復

復 復 復
회복할 복 회복할 복 회복할 복

復古 (복고) : 옛날의 제도, 유행, 풍습 등으로 되돌아가 그것을 따름.   *예 고
예 요즘 유행은 復古를 찾아가고 있습니다.

往

갈 왕
(彳부 총 8획)

往 往 往 往 往 往 往 往

往 往 往
갈 왕 갈 왕 갈 왕

往來 (왕래) : 가고 오고 함.   *올 래
예 이곳은 교통의 요지라 사람의 往來가 빈번합니다.

從

좇을 종
(彳부 총 11획)

從 從 從 從 從 從 從 從 從 從 從

從 從 從
좇을 종 좇을 종 좇을 종

從屬 (종속) : 강력한 세력에 딸려 그것에 지배되거나 영향을 받는 상태.   *붙일 속
예 우리나라는 과거 식민지 35년 동안 일본에 從屬되어 있었습니다.

慶

心부

경사 경
(心부 총 15획)

慶 慶 慶 慶 慶 慶 慶 慶 慶 慶 慶 慶 慶 慶 慶

慶 慶 慶
경사 경 경사 경 경사 경

慶祝 (경축) : 어떤 단체나 사회나 국가 등에 생긴 기쁜 일을 다 함께 축하함.   *빌 축
예 광복절을 慶祝하는 불꽃놀이가 벌어졌습니다.

怒 怒 怒 怒 怒 怒 怒 怒 怒

怒
성낼 **노**
(心部 총 9획)

怒　怒　怒
성낼 노　성낼 노　성낼 노

怒氣(노기) : 성난 얼굴빛. 또는, 성난 기세.
예 그는 화가 나서 얼굴에 怒氣를 드러냈다.
*기운 기

慮 慮 慮 慮 慮 慮 慮 慮 慮 慮 慮 慮 慮 慮 慮 慮

慮
생각할 **려**
(心部 총 15획)

慮　慮　慮
생각할 려　생각할 려　생각할 려

配慮(배려) : 관심을 가지고 마음을 쓰거나 보살펴 줌.
예 남을 配慮할 줄 알아야 합니다.
*짝 배

憤 憤 憤 憤 憤 憤 憤 憤 憤 憤 憤 憤 憤 憤 憤 憤

憤
분할 **분**
(心部 총 15획)

憤　憤　憤
분할 분　분할 분　분할 분

憤痛(분통) : 몹시 분하여 마음이 쓰리고 아픈 것.
예 친구에게 속은 걸 생각하니 憤痛이 터집니다.
*아플 통

悲 悲 悲 悲 悲 悲 悲 悲 悲 悲 悲 悲

悲
슬플 **비**
(心部 총 12획)

悲　悲　悲
슬플 비　슬플 비　슬플 비

悲劇(비극) : 죽음이나 슬픔으로 끝을 맺는 극.
예 6·25는 우리 민족의 悲劇입니다.
*심할 극

想

想 想 想 想 想 想 想 想 想 想 想 想 想 想

생각 **상**
(心部 총 13획)

想 想 想

생각 상　생각 상　생각 상

想起*(상기) : 지난 일을 다시 생각해 냄.   *일어날 기

예 그는 빛바랜 사진을 보는 순간 오래 전 일을 想起했습니다.

息

息 息 息 息 息 息 息 息 息 息 息

쉴 **식**
(心部 총 10획)

息 息 息

쉴 식　쉴 식　쉴 식

休**息**(휴식) : 하던 일을 멈추고 잠깐 쉼.   *쉴 휴

예 10분간 休息한 후 회의를 다시 시작하겠습니다.

怨

怨 怨 怨 怨 怨 怨 怨 怨 怨

원망할 **원**
(心部 총 9획)

怨 怨 怨

원망할 원　원망할 원　원망할 원

怨恨*(원한) : 원망스럽고 억울하여 마음속에 깊이 맺힌 한이 되는 생각.   *한 한

예 그는 회사를 망하게 한 사람에게 깊은 怨恨을 가지고 있습니다.

慰

慰 慰 慰 慰 慰 慰 慰 慰 慰 慰 慰 慰 慰 慰 慰 慰

위로할 **위**
(心部 총 15획)

慰 慰 慰

위로할 위　위로할 위　위로할 위

慰勞*(위로) : 따뜻한 말과 행동으로 괴로움을 덜어 주거나 슬픔을 달래 줌.   *일할 로

예 내 친구는 내가 어려울 때마다 나를 걱정하고 慰勞해 줍니다.

恩

恩 恩 恩 恩 恩 恩 恩 恩 恩 恩

恩　恩　恩

은혜 은　은혜 은　은혜 은

은혜 은
(心부 총 10획)

恩惠* (은혜) : 사람이나 신이 어떤 사람에게 베푸는 고마운 일이나 도움.　　　*은혜 혜
㉠ 부모님의 恩惠에 보답하는 사람이 됩시다.

應

應應應應應應應應應應應應應應應應應

應　應　應

응할 응　응할 응　응할 응

응할 응
(心부 총 17획)

應答* (응답) : 부름이나 물음에 대답함.　　　*대답 답
㉠ 아무리 초인종을 눌러도 안에서는 應答이 없었습니다.

志

志 志 志 志 志 志 志

志　志　志

뜻 지　뜻 지　뜻 지

뜻 지
(心부 총 7획)

志願* (지원) : 군대나 학교나 회사 등에 들어가고자 서류를 내거나 의사 표시를 함.　　　*원할 원
㉠ 사촌 형은 음악 대학에 志願하였습니다.

忠

忠 忠 忠 忠 忠 忠 忠 忠

忠　忠　忠

충성 충　충성 충　충성 충

충성 충
(心부 총 8획)

忠告* (충고) : 남의 잘못된 점을 고치도록 참된 마음으로 타이름.　　　*고할 고
㉠ 나는 친구에게 정직한 사람이 되라고 忠告를 하였습니다.

快

快 快 快 快 快 快 快

快 快 快

쾌할 쾌 쾌할 쾌 쾌할 쾌

쾌할 쾌
(心부 총 7획)

快感(쾌감) : 기분이 좋은 느낌.　*느낄 감
예 우리는 놀이 기구를 타면서 짜릿한 快感을 느꼈습니다.

態

態 態 態 態 態 態 態 態 態 態 態 態 態 態

態 態 態

모습 태 모습 태 모습 태

모습 태
(心부 총 14획)

態度(태도) : 사람이 겉으로 나타내는 동작, 표정, 말씨 등의 모습.　*법도 도
예 나는 공손한 態度로 대답했습니다.

恨

恨 恨 恨 恨 恨 恨 恨 恨 恨

恨 恨 恨

한 한 한 한 한 한

한 한
(心부 총 9획)

恨歎(한탄) : 원통해하거나 뉘우치면서 깊은 한숨을 내쉼.　*탄식할 탄
예 일찍 부모님을 여읜 그는 자기 신세를 恨歎했습니다.

憲

憲 憲 憲 憲 憲 憲 憲 憲 憲 憲 憲 憲 憲 憲 憲 憲

憲 憲 憲

법 헌 법 헌 법 헌

법 헌
(心부 총 16획)

憲法(헌법) : 국가 기관의 기본적인 원칙과 국민의 기본적 권리·의무 등을 규정한 법.　*법 법
예 憲法의 3대 기본 정신은 민주주의, 민족주의, 국제평화주의입니다.

惠	惠 惠 惠 惠 惠 惠 惠 惠 惠 惠 惠 惠
은혜 **혜** (心部 총 12획)	惠 惠 惠 〈은혜 혜〉 〈은혜 혜〉 〈은혜 혜〉

特惠(특혜) : 특별히 베푸는 혜택.   *특별할 특

예 그는 항상 선생님의 **特惠**를 받았습니다.

戈부

戒	戒 戒 戒 戒 戒 戒 戒
경계할 **계** (戈部 총 7획)	戒 戒 戒 〈경계할 계〉 〈경계할 계〉 〈경계할 계〉

警戒(경계) : 잘못된 일이 일어나지 않도록 주의하고 살핌.   *깨우칠 경

예 낯선 사람은 접근하지 못하도록 **警戒**하십시오.

或	或 或 或 或 或 或 或 或
혹 **혹** (戈部 총 8획)	或 或 或 〈혹 혹〉 〈혹 혹〉 〈혹 혹〉

或是(혹시) : 만일의 경우에.   *옳을 시

예 **或是** 시험에 실패하더라도 용기를 잃지 마십시오.

户부

房	房 房 房 房 房 房 房 房
방 **방** (戸部 총 8획)	房 房 房 〈방 방〉 〈방 방〉 〈방 방〉

房門(방문) : 방을 드나드는 문.   *문 문

예 나는 **房門**을 똑똑 두드렸습니다.

戶

戶 戶 戶 戶

戶 戶 戶

집 호
(戶부 총 4획)

집호 집호 집호

戶主*(호주) : 한 집안을 대표하며, 가족을 거느리고 먹여 살릴 의무가 있는 사람.　　　　*주인 주

예 우리 집의 戶主는 아버지입니다.

手부

拒

拒 拒 拒 拒 拒 拒 拒 拒

拒 拒 拒

막을 거
(手부 총 8획)

막을 거 막을 거 막을 거

拒絶*(거절) : 남의 청이나 제안을 받아들이지 않고 물리침.　　　　*끊을 절

예 그는 나의 부탁을 拒絶하였습니다.

據

據 據 據 據 據 據 據 據 據 據 據 據 據 據 據

據 據 據

근거 거
(手부 총 16획)

근거 거 근거 거 근거 거

據點*(거점) : 활동의 근거로 삼는 중요한 지점.　　　　*점 점

예 나는 제일 먼저 판매 據點부터 만들기 시작했습니다.

擊

擊 擊 擊 擊 擊 擊 擊 擊 擊 擊 擊 擊 擊 擊 擊 擊 擊

擊 擊 擊

칠 격
(手부 총 17획)

칠 격 칠 격 칠 격

擊破*(격파) : 적을 공격하여 완전히 무찌름.　　　　*깨뜨릴 파

예 어린이들의 태권도 擊破 시범이 있었습니다.

擔 擔 擔 擔 擔 擔 擔 擔 擔 擔 擔 擔 擔 擔

擔
멜 담
(手부 총 16획)

擔	擔	擔		
멜 담	멜 담	멜 담		

擔當 (담당) : 어떤 일을 책임지고 맡음.　　　　　　　　　　　　　　　*마땅 당
예 오늘 청소 擔當 은 제 짝꿍입니다.

拍 拍 拍 拍 拍 拍 拍 拍

拍
칠 박
(手부 총 8획)

拍	拍	拍		
칠 박	칠 박	칠 박		

拍手* (박수) : 손뼉을 계속해서 치는 일.　　　　　　　　　　　　　　*손 수
예 우리는 선수들을 향하여 힘찬 응원의 拍手 를 보냈습니다.

拜 拜 拜 拜 拜 拜 拜 拜 拜

拜
절 배
(手부 총 9획)

拜	拜	拜		
절 배	절 배	절 배		

拜上* (배상) : 절하고 올림의 뜻으로, 편지 끝의 자기 이름 아래에 쓰는 말.　　*위 상
예 피해자에게 끼친 손해를 拜上 하라는 판결을 받았습니다.

批 批 批 批 批 批 批

批
비평할 비
(手부 총 7획)

批	批	批		
비평할 비	비평할 비	비평할 비		

批判 (비판) : 대상의 문제점이나 잘못을 찾아내어 평가하고 판단함.　　　　*판단할 판
예 토론을 통하여 批判 적 사고력을 길렀습니다.

掃 掃 掃 掃 掃 掃 掃 掃 掃 掃 掃

掃

쓸 소
(手部 총 11획)

掃 掃 掃

쓸소 쓸소 쓸소

清掃(청소) : 쓸고 닦아 깨끗이 함.
예 집을 깨끗이 清掃하고 손님 맞을 준비를 하였습니다.

*맑을 청

損 損 損 損 損 損 損 損 損 損 損 損 損

損

덜 손
(手部 총 13획)

損 損 損

덜손 덜손 덜손

損害(손해) : 돈이나 재산을 잃거나 어떤 해를 입음.
예 장사가 안 되어 損害를 보았습니다.

*해할 해

授 授 授 授 授 授 授 授 授 授 授

授

줄 수
(手部 총 11획)

授 授 授

줄수 줄수 줄수

授業(수업) : 학교에서 교사가 학생에게 일정한 교과 내용을 가르침.
예 授業 시간에는 조용히 해야 합니다.

*업 업

承 承 承 承 承 承 承 承

承

이을 승
(手部 총 8획)

承 承 承

이을승 이을승 이을승

承認(승인) : 공적으로 어떤 사실을 정당하다고 인정하는 것.
예 휴학을 하려면 학교의 承認을 받아야 합니다.

*알 인

援

도울 **원**
(手部 총 12획)

援 援 援 援 援 援 援 援 援 援 援 援

援　援　援

도울 원　도울 원　도울 원

援助 (원조) : 물품이나 돈으로 도와줌.　　　　　　　　　*도울 조
　예 우리 정부는 북한에 식량을 援助 하였습니다.

折

꺾을 **절**
(手部 총 7획)

折 折 折 折 折 折 折

折　折　折

꺾을 절　꺾을 절　꺾을 절

折半 (절반) : 하나를 둘로 자르거나 나눈 그 하나.　　　　　*반 반
　예 언니와 나는 빵을 折半 씩 나누어 먹었습니다.

接

이을 **접**
(手部 총 11획)

接 接 接 接 接 接 接 接 接 接 接

接　接　接

이을 접　이을 접　이을 접

接着 (접착) : 두 물체의 면이 달라붙음.　　　　　　　　　*붙을 착
　예 떨어진 책장을 接着 테이프로 붙였습니다.

提

끌 **제**
(手部 총 12획)

提 提 提 提 提 提 提 提 提 提 提 提

提　提　提

끌 제　끌 제　끌 제

提案 (제안) : 어떤 생각이나 의견을 내놓음.　　　　　　　*책상 안
　예 반장은 옆 반과 축구 시합을 하자고 提案 하였습니다.

持

持 持 持 持 持 持 持 持 持

持 持 持

가질 지
(手部 총 9획)

가질 지　가질 지　가질 지

持參*(지참) : 무엇을 가지고 참석함.　　　　　　　　　　*참여할 참

예 사람들은 필기도구와 도시락을 持參하고 행사장 안으로 들어갔습니다.

指

指 指 指 指 指 指 指 指 指

指 指 指

가리킬 지
(手部 총 9획)

가리킬 지　가리킬 지　가리킬 지

指目*(지목) : 사람이나 사물을 어떤 것으로 꼭 짚어서 가리킴.　　*눈 목

예 경찰에서는 그를 범인으로 指目하고 전국에 수배했습니다.

採

採 採 採 採 採 採 採 採 採 採 採

採 採 採

캘 채
(手部 총 11획)

캘 채　캘 채　캘 채

採取*(채취) : 연구나 조사를 하기 위해 필요한 것들을 찾아서 모음.　　*가질 취

예 이곳에서는 모래를 採取할 수 없습니다.

招

招 招 招 招 招 招 招 招

招 招 招

부를 초
(手部 총 8획)

부를 초　부를 초　부를 초

招請*(초청) : 사람을 어떤 곳에 청하여 부름.　　　　　　　　*청할 청

예 나는 친구 招請 잔치에 갔다 왔습니다.

推 推 推 推 推 推 推 推 推 推 推

推 推 推

推
밀 **추**
(手部 총 11획)

推 推 推

밀추　밀추　밀추

推進(추진) : 물체를 밀어서 앞으로 나아가게 함.　　*나아갈 진
예 주민들의 반대로 공사를 推進할 수 없게 되었습니다.

探 探 探 探 探 探 探 探 探 探 探 探

探 探 探

探
찾을 **탐**
(手部 총 11획)

探 探 探

찾을 탐　찾을 탐　찾을 탐

探究(탐구) : 진리나 학문 등을 깊이 연구함.　　*연구할 구
예 이 프로그램은 과학 원리를 스스로 探究할 수 있는 힘을 길러 줍니다.

擇 擇 擇 擇 擇 擇 擇 擇 擇 擇 擇 擇 擇 擇 擇 擇

擇 擇 擇

擇
가릴 **택**
(手部 총 16획)

擇 擇 擇

가릴 택　가릴 택　가릴 택

擇一(택일) : 여럿 가운데서 하나를 고름.　　*한 일
예 마음에 드는 물건이 많아서 하나만 擇一하기가 힘들었습니다.

投 投 投 投 投 投 投

投 投 投

投
던질 **투**
(手部 총 7획)

投 投 投

던질 투　던질 투　던질 투

投票(투표) : 선거나 의견을 물을 때, 자기 의사를 쪽지에 적어 내는 일.　　*표 표
예 投票로 반장을 뽑았습니다.

抗

막을 항
(手部 총 7획)

抗 抗 抗 抗 抗 抗 抗

抗 抗 抗

막을 항　막을 항　막을 항

抗議*(항의) : 옳지 않다고 여겨 불만이나 반대의 뜻을 나타냄.
*의논 의
예 농구 감독은 심판의 판정에 抗議하였습니다.

揮

휘두를 휘
(手部 총 12획)

揮 揮 揮 揮 揮 揮 揮 揮 揮 揮 揮

揮 揮 揮

휘두를 휘　휘두를 휘　휘두를 휘

揮帳*(휘장) : 넓은 천으로 주위를 둘러치게 만든 막.
*장막 장
예 주방과 거실이 揮帳으로 구분되어 있었습니다.

攵부

敢

감히 감
(攵部 총 12획)

敢 敢 敢 敢 敢 敢 敢 敢 敢 敢 敢

敢 敢 敢

감히 감　감히 감　감히 감

敢行*(감행) : 어려움을 무릅쓰고 어떤 일을 하기로 용감하게 결정하여 실행함.
*다닐 행
예 그들은 온갖 위험을 무릅쓰고 정글 탐험을 敢行했습니다.

故

연고 고
(攵部 총 9획)

故 故 故 故 故 故 故 故 故

故 故 故

연고고　연고고　연고고

故鄕*(고향) : 자기가 태어나 자란 곳.
*시골 향
예 명절에는 많은 사람들이 故鄕에 갑니다.

攻 攻 攻 攻 攻 攻 攻

攻

攻

칠 공
(攵部 총 7획)

攻 攻 攻

칠공　칠공　칠공

攻擊(공격) : 전쟁에서 적을 향하여 총, 포, 활 등을 쏘거나, 달려들어 찌르거나 침.　　*칠 격
예 우리는 한밤중에 攻擊을 시작하였습니다.

散 散 散 散 散 散 散 散 散 散 散 散

散

흩을 산
(攵部 총 12획)

散 散 散

흩을산　흩을산　흩을산

散文*(산문) : 글자 수나 운율 등에 얽매이지 않고 자유롭게 쓰는 글.　　*글월 문
예 나는 이번 백일장에서 散文 부문에 당선되었습니다.

收 收 收 收 收 收

收

거둘 수
(攵部 총 6획)

收 收 收

거둘 수　거둘 수　거둘 수

收入*(수입) : 경제 활동을 하여 벌어들이는 돈.　　*들 입
예 장사가 잘 되어 收入이 점점 늘어났습니다.

敵 敵 敵 敵 敵 敵 敵 敵 敵 敵 敵 敵 敵 敵

敵

대적할 적
(攵部 총 15획)

敵 敵 敵

대적할 적　대적할 적　대적할 적

敵軍(적군) : 적의 군대.　　*군사 군
예 敵軍을 완전히 포위했습니다.

政

政政政政政政政政政

政 政 政
정사 정 정사 정 정사 정

정사 정
(攵部 총 9획)

政治(정치) : 권력을 가지고 나라를 다스리는 일.　　　　　　　　　　　　*다스릴 치
🔖 선생님은 40세에 본격적으로 政治 활동을 시작했습니다.

整

整整整整整整整整整整整整整整整整

整 整 整
가지런할 정 가지런할 정 가지런할 정

가지런할 정
(攵部 총 16획)

整理(정리) : 어수선하게 흐트러진 것을 정돈하여 보기 좋게 함.　　　　　*다스릴 리
🔖 아버지는 밤새도록 서류 整理를 하셨습니다.

斗
斗부

斗斗斗斗

斗 斗 斗
말 두 말 두 말 두

말 두
(斗部 총 4획)

斗量(두량) : 되나 말로 곡식 따위를 셈.　　　　　　　　　　　　　　*헤아릴 량
🔖 옆집 아주머니가 쌀 한 되 斗量을 가지고 오셨습니다.

斷
斤부

斷斷斷斷斷斷斷斷斷斷斷斷斷斷

斷 斷 斷
끊을 단 끊을 단 끊을 단

끊을 단
(斤部 총 18획)

斷食(단식) : 일정 기간 동안 음식을 먹지 않음.　　　　　　　　　　　*밥 식
🔖 언니는 살을 빼기 위하여 斷食을 했습니다.

方부

施

베풀 시
(方부 총 9획)

施 施 施 施 施 施 施 施 施

施 施 施

베풀 시　베풀 시　베풀 시

施行(시행) : 계획한 일이나 법률, 제도 등을 실제로 행함.　　　　　　*다닐 행

예 이 법은 다음 달부터 施行됩니다.

日부

暇

겨를 가
(日부 총 13획)

暇 暇 暇 暇 暇 暇 暇 暇 暇 暇 暇 暇 暇

暇 暇 暇

겨를 가　겨를 가　겨를 가

休暇(휴가) : 직장이나 군대 등의 허가를 받아 일정한 기간 동안 쉬는 일.　　　*쉴 휴

예 우리 가족은 올여름 농장에서 休暇를 보낼 예정입니다.

暖

따뜻할 난
(日부 총 13획)

暖 暖 暖 暖 暖 暖 暖 暖 暖 暖 暖 暖 暖

暖 暖 暖

따뜻할 난　따뜻할 난　따뜻할 난

暖流(난류) : 따뜻한 해류.　　　　　　　　　　　　　　　　　　　　*흐를 류

예 우리나라 동해는 暖流와 한류가 교차하여 좋은 어장을 이룹니다.

普

넓을 보
(日부 총 12획)

普 普 普 普 普 普 普 普 普 普 普

普 普 普

넓을 보　넓을 보　넓을 보

普施(보시) : 절이나 스님, 가난한 사람에게 돈이나 물건을 주는 일.　　　*베풀 시

예 부처님께 공양미 삼백 석을 普施했습니다.

星	星 星 星 星 星 星 星 星 星				
	星	星	星		
별 성 (日부 총 9획)	별성	별성	별성		

星[*]座(성좌) : 별자리.

예 오리온자리는 겨울 하늘의 星座 중에 으뜸입니다.

*앉을 좌

是	是 是 是 是 是 是 是 是 是				
	是	是	是		
옳을 시 (日부 총 9획)	옳을 시	옳을 시	옳을 시		

是[*]非(시비) : 옳고 그름.

예 이 일은 是非를 분명히 가려야 합니다.

*아닐 비

暗	暗 暗 暗 暗 暗 暗 暗 暗 暗 暗 暗 暗 暗				
	暗	暗	暗		
어두울 암 (日부 총 13획)	어두울 암	어두울 암	어두울 암		

暗[*]黑(암흑) : 빛이 전혀 없어 어둡고 캄캄한 상태.

예 전깃불이 나가자 집 안은 순식간에 暗黑으로 변했습니다.

*검을 흑

易	易 易 易 易 易 易 易 易				
	易	易	易		
바꿀 역 (日부 총 8획)	바꿀 역	바꿀 역	바꿀 역		

交[*]易(교역) : 나라와 나라 사이에 서로 물건을 사고팖.

예 세계 여러 나라와의 交易 활동이 활발해졌습니다.

*사귈 교

映 映 映 映 映 映 映 映 映

映
비칠 영
(日부 총 9획)

映 映 映
비칠 영 | 비칠 영 | 비칠 영

映畵*(영화) : 그 필름을 영사막에 비쳐 움직이는 모습을 나타내 보이는 종합 예술.   *그림 화
예 나는 커서 映畵 감독이 되고 싶습니다.

早 早 早 早 早 早

早
이를 조
(日부 총 6획)

早 早 早
이를 조 | 이를 조 | 이를 조

早退*(조퇴) : 학교나 직장 등에서, 끝나는 시간이 되기 전에 일찍 집으로 돌아감.   *물러날 퇴
예 내 친구는 몸이 아파 학교에서 일찍 早退하였습니다.

智 智 智 智 智 智 智 智 智 智 智 智

智
지혜 지
(日부 총 12획)

智 智 智
지혜 지 | 지혜 지 | 지혜 지

奇智*(기지) : 특별하고 뛰어난 지혜.   *기특할 기
예 큰 봉변을 당할 뻔했는데 奇智를 발휘하여 겨우 위기를 넘겼습니다.

暴 暴 暴 暴 暴 暴 暴 暴 暴 暴 暴 暴 暴 暴 暴

暴
사나울 폭
(日부 총 15획)

暴 暴 暴
사나울 폭 | 사나울 폭 | 사나울 폭

暴雨*(폭우) : 한꺼번에 많이 쏟아지는 비.   *비 우
예 暴雨로 여기저기서 물난리가 났습니다.

更	更 更 更 更 更 更 更
고칠 **경** (曰부 총 7획)	更 更 更 고칠 경　고칠 경　고칠 경

更**新**(경신) : 옛 제도나 기구 따위를 고쳐 새롭게 하는 것.　　　　　*새 신
예 그는 마라톤에서 한국 기록을 更新하였습니다.

檢	檢檢檢檢檢檢檢檢檢檢檢檢檢檢檢檢檢
검사할 **검** (木부 총 17획)	檢 檢 檢 검사할 검　검사할 검　검사할 검

檢**査**(검사) : 어떤 사물이 좋은지 나쁜지 등을 알아내기 위해 자세히 살핌.　　*조사할 사
예 오늘 학교에서 신체 檢査를 했습니다.

構	構構構構構構構構構構構構構構
얽을 **구** (木부 총 14획)	構 構 構 얽을 구　얽을 구　얽을 구

構**造**(구조) : 사물의 부분들이 합쳐져 전체를 이루고 있는 짜임새.　　　*지을 조
예 이 건물의 構造는 매우 복잡합니다.

權	權權權權權權權權權權權權權權權權
권세 **권** (木부 총 22획)	權 權 權 권세 권　권세 권　권세 권

權**力**(권력) : 국가나 지도자가 국민을 다스리기 위해 가지는 권리와 힘.　　　*힘 력
예 權力을 이용하여 약한 사람들을 괴롭히면 안 됩니다.

極 極 極 極 極 極 極 極 極 極 極 極 極

極

極 極 極

극진할 극
(木부 총 13획)

극진할 극 | 극진할 극 | 극진할 극

極盡* (극진) : 대접이나 보살핌이 매우 정성스러움.

예 옆집 아들은 효성이 極盡합니다.

*다할 진

機 機 機 機 機 機 機 機 機 機 機 機 機 機 機 機

機

機 機 機

틀 기
(木부 총 16획)

틀 기 | 틀 기 | 틀 기

機能* (기능) : 사물이 가지는 일정한 역할이나 작용.

예 화폐의 여러 가지 機能에 대해서 공부했습니다.

*능할 능

檀 檀 檀 檀 檀 檀 檀 檀 檀 檀 檀 檀 檀 檀 檀 檀 檀

檀

檀 檀 檀

박달나무 단
(木부 총 17획)

박달나무 단 | 박달나무 단 | 박달나무 단

檀君* (단군) : 우리 민족의 시조로 받들어지는, 고조선의 첫 임금.

예 檀君 신화에는 곰과 호랑이가 나옵니다.

*임금 군

柳 柳 柳 柳 柳 柳 柳 柳 柳 柳

柳

柳 柳 柳

버들 류
(木부 총 9획)

버들 류 | 버들 류 | 버들 류

細柳* (세류) : 가지가 매우 가는 버드나무.

예 이모는 細柳처럼 가는 허리를 가지고 있습니다.

*가늘 세

模 模模模模模模模模模模模模模模模模

模	模	模			
본뜰 모	본뜰 모	본뜰 모			

模[*]
본뜰 **모**
(木부 총 15획)

模**樣**[*] (모양) : 사물의 크고 작고, 둥글고 네모나고 하는 등의 생김새.   *모양 양
예 접시에는 여러 가지 模樣 의 과자가 담겨 있었습니다.

未 未 未 未 未

未	未	未			
아닐 미	아닐 미	아닐 미			

未
아닐 **미**
(木부 총 5획)

未**定**[*] (미정) : 아직 정하지 못함.   *정할 정
예 가을 운동회 날짜는 아직 未定 입니다.

松 松 松 松 松 松 松 松

松	松	松			
소나무 송	소나무 송	소나무 송			

松
소나무 **송**
(木부 총 8획)

松**花**[*] (송화) : 소나무의 꽃가루.   *꽃 화
예 우리 할머니는 松花 에 꿀을 넣어 만든 한과를 좋아합니다.

樣 樣樣樣樣樣樣樣樣樣樣樣樣樣樣樣

樣	樣	樣			
모양 양	모양 양	모양 양			

樣
모양 **양**
(木부 총 15획)

樣**式**[*] (양식) : 일정한 모양과 방식.   *법 식
예 이 성당은 고딕 樣式 으로 만들어졌습니다.

榮 榮 榮 榮 榮 榮 榮 榮 榮 榮 榮 榮 榮 榮

榮

영화 영
(木부 총 14획)

榮	榮	榮		
영화 영	영화 영	영화 영		

榮光 *(영광) : 칭찬이나 존경을 받아 명예스럽거나 자랑스럽게 되는 것.

예 우리 팀은 우승의 榮光을 차지하였습니다.

*빛 광

條 條 條 條 條 條 條 條 條 條 條

條

가지 조
(木부 총 11획)

條	條	條		
가지 조	가지 조	가지 조		

條件 *(조건) : 어떤 일을 이루거나 하는 데 갖추어야 할 사항.

예 나는 말썽을 부리지 않겠다는 條件으로 아빠를 따라갔습니다.

*물건 건

朱 朱 朱 朱 朱 朱

朱

붉을 주
(木부 총 6획)

朱	朱	朱		
붉을 주	붉을 주	붉을 주		

朱紅 *(주홍) : 주황과 빨강의 중간 색깔.

예 朱紅 원피스를 입은 동생이 참 예뻐 보였습니다.

*붉을 홍

標 標 標 標 標 標 標 標 標 標 標 標 標 標 標

標

표할 표
(木부 총 15획)

標	標	標		
표할 표	표할 표	표할 표		

標示 *(표시) : 표를 하여 어떤 사실을 나타내 보임.

예 나는 식구들의 생일을 달력에 標示해 두었습니다.

*보일 시

核 核 核 核 核 核 核 核 核 核

核
씨 **핵**
(木부 총 10획)

核 核 核
씨 핵　씨 핵　씨 핵

核心*(핵심) : 가장 중요하거나 중심이 되는 부분이나 내용.　　　*마음 심
例 선생님은 내 문제의 核心을 정확하게 지적했습니다.

止부

歸 歸 歸 歸 歸 歸 歸 歸 歸 歸 歸 歸 歸 歸 歸 歸 歸 歸

歸
돌아갈 **귀**
(止부 총 18획)

歸 歸 歸
돌아갈 귀　돌아갈 귀　돌아갈 귀

歸國*(귀국) : 외국에 있던 사람이 자기 나라로 돌아가거나 돌아옴.　　　*나라 국
例 삼촌은 4년 만에 미국에서 歸國했습니다.

武 武 武 武 武 武 武 武

武
호반 **무**
(止부 총 8획)

武 武 武
호반 무　호반 무　호반 무

武士*(무사) : 옛날에, 무술을 배우고 익혀 자기가 섬기는 사람을 위해 일하던 사람.　　　*선비 사
例 일본의 옛 武士는 왕에게 몸과 마음을 다 바쳐 충성하였습니다.

步 步 步 步 步 步 步

步
걸음 **보**
(止부 총 7획)

步 步 步
걸음 보　걸음 보　걸음 보

步道*(보도) : 도로 양옆으로 사람이 걸어 다닐 수 있게 만든 길.　　　*길 도
例 步道에 노점상이 너무 많아 제대로 다닐 수가 없었습니다.

歹부

殘

남을 **잔**
(歹부 총 12획)

殘 殘 殘 殘 殘 殘 殘 殘 殘 殘 殘 殘

殘 殘 殘

남을 잔 남을 잔 남을 잔

殘金*(잔금) : 아직 다 갚지 못하고 남은 돈.

예 일주일 안에 殘金을 치르기로 했습니다.

*쇠 금

毋부

毒

독 **독**
(毋부 총 9획)

毒 毒 毒 毒 毒 毒 毒 毒 毒

毒 毒 毒

독 독 독 독 독 독

毒藥*(독약) : 강한 독이 있어 적은 양으로도 목숨을 위태롭게 하는 약품.

예 몸에 좋은 약도 잘못 먹으면 毒藥이 될 수 있습니다.

*약 약

氏부

氏

 성 **씨**
(氏부 총 4획)

氏 氏 氏 氏

氏 氏 氏

성 씨 성 씨 성 씨

氏族*(씨족) : 원시 사회에서, 같은 조상을 가진 한 가족 집단.

예 신석기 시대는 氏族 사회였습니다.

*겨레 족

水부

減

 덜 **감**
(水부 총 12획)

減 減 減 減 減 減 減 減 減 減 減 減

減 減 減

덜 감 덜 감 덜 감

減量*(감량) : 분량이나 무게를 줄임.

예 아버지는 열심히 운동을 해서 체중 減量에 성공하셨습니다.

*헤아릴 량

激	激激激激激激激激激激激激激激激激
격할 격 (水部 총 16획)	激 激 激 격할 격　격할 격　격할 격

激減 (격감) : 갑자기 줄어드는 것.　　　　　　　　　　　　　　　　*덜 감
예 전염병으로 인하여 관광객이 激減했습니다.

潔	潔潔潔潔潔潔潔潔潔潔潔潔潔潔潔潔
깨끗할 결 (水部 총 15획)	潔 潔 潔 깨끗할 결　깨끗할 결　깨끗할 결

潔白 (결백) : 잘못이나 죄를 저지른 것이 없이 깨끗함.　　　　　　　*흰 백
예 어머니는 아들의 潔白을 증명하기 위하여 밤낮으로 애를 썼습니다.

求	求 求 求 求 求 求 求
구할 구 (水部 총 7획)	求 求 求 구할 구　구할 구　구할 구

求人 (구인) : 돈 받고 일할 사람을 구함.　　　　　　　　　　　　*사람 인
예 일자리를 구하기 위하여 求人 광고를 보았습니다.

滿	滿滿滿滿滿滿滿滿滿滿滿滿滿滿
찰 만 (水部 총 14획)	滿 滿 滿 찰 만　찰 만　찰 만

滿足 (만족) : 마음에 부족함을 느끼는 것이 없이 흐뭇함.　　　　　　*발 족
예 힘은 들었지만 남을 도울 수 있다는 것에 滿足을 느꼈습니다.

深 깊을 심 (水部 총 11획)	深深深深深深深深深深深
	深 深 深
	깊을 심 / 깊을 심 / 깊을 심

深夜* (심야) : 깊은 밤.   *밤 야
예 深夜에도 시내는 사람들로 북적였습니다.

液 액체 액 (水部 총 11획)	液液液液液液液液液液液
	液 液 液
	액체 액 / 액체 액 / 액체 액

液體* (액체) : 물이나 기름 등과 같이 부피는 일정하지만 모양은 자유롭게 변하는 물질.   *몸 체
예 나는 液體로 된 비누로 손을 닦았습니다.

演 펼 연 (水部 총 14획)	演演演演演演演演演演演演演演
	演 演 演
	펼 연 / 펼 연 / 펼 연

演技* (연기) : 배우가 맡은 배역의 행동이나 성격을 관객에게 보여 주는 일.   *재주 기
예 여자 주인공의 演技가 아주 감동적이었습니다.

源 근원 원 (水部 총 13획)	源源源源源源源源源源源源源
	源 源 源
	근원 원 / 근원 원 / 근원 원

源泉* (원천) : 사물이 나거나 생기는 근원.   *샘 천
예 국력의 源泉은 국민들의 화합에 있습니다.

濟

濟濟濟濟濟濟濟濟濟濟濟濟濟濟濟濟濟

濟 濟 濟

건널 제
(水부 총 17획)

건널 제　건널 제　건널 제

救濟(구제) : 어려운 형편에 있는 사람을 도와줌.

예 일자리를 만들어 실업자를 救濟하였습니다.

*구할 구

潮

潮潮潮潮潮潮潮潮潮潮潮潮潮潮潮

潮 潮 潮

조수 조
(水부 총 15획)

조수 조　조수 조　조수 조

潮流(조류) : 밀물과 썰물 때문에 일어나는 바닷물의 흐름.

예 물의 흐름을 이용하여 전기를 일으키는 潮流 발전소가 건설되었습니다.

*흐를 류

準

準準準準準準準準準準準準準

準 準 準

준할 준
(水부 총 13획)

준할 준　준할 준　준할 준

準備(준비) : 필요한 것을 미리 갖춤.

예 어머니는 저녁 식사를 準備하고 계십니다.

*갖출 비

泉

泉泉泉泉泉泉泉泉泉

泉 泉 泉

샘 천
(水부 총 9획)

샘 천　샘 천　샘 천

溫泉(온천) : 땅속에서 자연적으로 더운 물이 솟아오르는 샘.

예 溫泉에 가서 쌓인 피로를 풀었습니다.

*따뜻할 온

測 測 測 測 測 測 測 測 測 測 測 測

測
헤아릴 측
(水部 총 12획)

測 測 測
헤아릴 측 헤아릴 측 헤아릴 측

測*量(측량) : 기구를 이용하여 어떤 사물의 높이, 크기, 넓이, 거리 등을 잼. *헤아릴 량
예 정확한 測量을 위하여 자를 이용했습니다.

治 治 治 治 治 治 治 治

治
다스릴 치
(水部 총 8획)

治 治 治
다스릴 치 다스릴 치 다스릴 치

法*治(법치) : 법에 따라 나라를 다스림. *법 법
예 우리나라는 法治 국가입니다.

波 波 波 波 波 波 波 波

波
물결 파
(水部 총 8획)

波 波 波
물결 파 물결 파 물결 파

波*動(파동) : 물결이나 음파 등이 공간적으로 전하여 퍼져 가는 진동. *움직일 동
예 호수에 돌을 던지자 수면에 波動이 일어났습니다.

派 派 派 派 派 派 派 派 派

派
갈래 파
(水部 총 9획)

派 派 派
갈래 파 갈래 파 갈래 파

派兵*(파병) : 군대를 파견함. *병사 병
예 유엔은 6·25 전쟁 때 우리나라에 유엔군을 派兵했습니다.

港

港港港港港港港港港港港港

港　港　港

항구 항　항구 항　항구 항

항구 **항**
(水部 총 12획)

港口*(항구) : 바닷가에 배가 드나들 수 있도록 부두 설비를 한 곳.
예 배가 港口를 떠났습니다.

*입 구

混

混混混混混混混混混混混

混　混　混

섞일 혼　섞일 혼　섞일 혼

섞일 **혼**
(水部 총 11획)

混合*(혼합) : 두 가지 이상의 것을 뒤섞어 한데 합함.
예 여러 가지 재료를 混合하여 빵을 만들었습니다.

*합할 합

況

況況況況況況況況

況　況　況

상황 황　상황 황　상황 황

상황 **황**
(水部 총 8획)

好*況(호황) : 어떤 산업이나 나라 전체의 경제 사정이 아주 좋은 상태.
예 날씨가 더워지자 냉방용품을 파는 가게들이 好況을 누리고 있습니다.

*좋아할 호

次

次次次次次次

次　次　次

버금 차　버금 차　버금 차

버금 **차**
(欠部 총 6획)

次*男(차남) : 둘째 아들.
예 그는 次男이지만 형이 외국에 나가 있어서 맏아들 노릇을 하고 있습니다.

*사내 남

歎 歎 歎 歎 歎 歎 歎 歎 歎 歎 歎 歎 歎 歎 歎

歎
탄식할 **탄**
(欠部 총 15획)

歎	歎	歎			
탄식할 탄	탄식할 탄	탄식할 탄			

歎*息(탄식) : 걱정이나 근심.
◉ 극심한 가뭄에 歎息만 하고 있을 수는 없었습니다.

*쉴 식

歡 歡 歡 歡 歡 歡 歡 歡 歡 歡 歡 歡 歡 歡 歡 歡 歡 歡 歡 歡

歡
기쁠 **환**
(欠部 총 22획)

歡	歡	歡			
기쁠 환	기쁠 환	기쁠 환			

歡迎*(환영) : 반가워하는 마음으로 맞이함.
◉ 우리 학교에 오신 걸 진심으로 歡迎합니다.

*맞을 영

火部

燈 燈 燈 燈 燈 燈 燈 燈 燈 燈 燈 燈 燈 燈 燈 燈

燈
등불 **등**
(火部 총 16획)

燈	燈	燈			
등불 등	등불 등	등불 등			

消*燈(소등) : 등불이나 전등을 끔.
◉ 消燈 시간이 되자 불이 모두 꺼졌습니다.

*사라질 소

烈 烈 烈 烈 烈 烈 烈 烈 烈 烈

烈
매울 **렬**
(火部 총 10획)

烈	烈	烈			
매울 렬	매울 렬	매울 렬			

烈女(열녀) : 옛날에, 결혼하여 한 남자만을 섬기는 마음을 굳게 지키는 여자.
◉ 춘향은 烈女로 상징되는 여성입니다.

*계집 녀

煙
연기 연
(火部 총 13획)

煙 煙 煙 煙 煙 煙 煙 煙 煙 煙 煙 煙 煙

煙	煙	煙		
연기 연	연기 연	연기 연		

煙氣*(연기) : 어떤 물건이 불에 탈 때 생기는 검거나 희뿌옇거나 푸르스름한 기체.　　*기운 기

예 굴뚝에서 煙氣가 났습니다.

燃
탈 연
(火部 총 16획)

燃 燃 燃 燃 燃 燃 燃 燃 燃 燃 燃 燃 燃 燃 燃 燃

燃	燃	燃		
탈 연	탈 연	탈 연		

燃料*(연료) : 열, 빛, 동력 등을 얻기 위해 태우는 물질.　　*헤아릴 료

예 날씨가 추워서 난방 燃料가 많이 들었습니다.

營
경영 영
(火部 총 17획)

營 營 營 營 營 營 營 營 營 營 營 營 營 營 營 營 營 營

營	營	營		
경영 영	경영 영	경영 영		

營農*(영농) : 농사를 짓거나 농업을 경영함.　　*농사 농

예 과학 營農을 이용한 작물들이 많아지고 있습니다.

爆
불터질 폭
(火部 총 19획)

爆 爆 爆 爆 爆 爆 爆 爆 爆 爆 爆 爆 爆 爆 爆 爆

爆	爆	爆		
불터질 폭	불터질 폭	불터질 폭		

爆笑*(폭소) : 여러 사람이 갑자기 큰 소리로 웃는 웃음.　　*웃음 소

예 선생님의 우스갯소리에 아이들이 일제히 爆笑를 터뜨렸습니다.

灰 灰 灰 灰 灰 灰

灰 灰 灰

灰
재 회
(火부 총 6획)

재 회 　 재 회 　 재 회

灰色*(회색) : 재의 빛깔과 같은 색. 검은색과 흰색이 섞인 색.　　　　　*빛 색

예 짙은 灰色 구름이 하늘에 가득 찼습니다.

爪부

爲 爲 爲 爲 爲 爲 爲 爲 爲 爲 爲 爲

爲 爲 爲

爲
할 위
(爪부 총 12획)

할 위 　 할 위 　 할 위

爲主*(위주) : 무엇을 기본이나 으뜸으로 삼는 것.　　　　　*주인 주

예 이 회사는 실력 爲主로 직원을 뽑습니다.

牛부

牧 牧 牧 牧 牧 牧 牧 牧

牧 牧 牧

牧
칠 목
(牛부 총 8획)

칠 목 　 칠 목 　 칠 목

牧場*(목장) : 일정한 시설을 갖추어 소와 말, 양 등을 놓아 기르는 곳.　　　　　*마당 장

예 牧場에 가서 양에게 풀을 주었습니다.

犬부

犬 犬 犬 犬

犬 犬 犬

犬
개 견
(犬부 총 2획)

개 견 　 개 견 　 개 견

犬馬*(견마) : 개와 말, 또는 자기 몸에 관한 것을 극히 낮추어 이르는 말.　　　　　*말 마

예 선생님을 위해서라면 犬馬의 힘을 다하겠습니다.

犯 犯 犯 犯 犯

犯 犯 犯

犯
범할 범
(犬부 총 5획)

범할 범　범할 범　범할 범

犯罪(범죄) : 법에 어긋나는 죄를 저지르는 일.
예 청소년 犯罪를 예방하기 위한 프로그램이 개발되었습니다.
*허물 죄

狀 狀 狀 狀 狀 狀 狀 狀

狀 狀 狀

狀
형상 상
(犬부 총 8획)

형상 상　형상 상　형상 상

狀況(상황) : 일이 되어 가는 형편이나 모양.
예 만일의 狀況에 대비하여 준비를 철저히 해야 합니다.
*상황 황

玉부

玉 玉 玉 玉 玉

玉 玉 玉

玉
구슬 옥
(玉부 총 5획)

구슬 옥　구슬 옥　구슬 옥

玉石(옥석) : 옥과 돌, 좋은 것과 나쁜 것.
예 玉石을 고르듯 사람을 가려 쓸 줄 알아야 합니다.
*돌 석

珍 珍 珍 珍 珍 珍 珍 珍 珍

珍 珍 珍

珍
보배 진
(玉부 총 9획)

보배 진　보배 진　보배 진

珍貴(진귀) : 보배롭고 귀중함.
예 전시장 안은 여러 가지 珍貴한 물건들로 가득 차 있었습니다.
*귀할 귀

環

環環環環環環環環環環環環環環環環環

環　環　環

고리 환　고리 환　고리 환

고리 환
(玉부 총 17획)

環境*(환경) : 생물이 살아가는 데 큰 영향을 미치는 자연의 상태나 조건.　　　*지경 경

예 環境 오염으로 물새가 떼죽음을 당했습니다.

 田부

甲

甲甲甲甲甲

甲　甲　甲

갑옷 갑　갑옷 갑　갑옷 갑

갑옷 갑
(田부 총 5획)

甲富*(갑부) : 대단히 큰 부자.　　　*부자 부

예 옆집 할아버지는 우리 동네 甲富입니다.

略

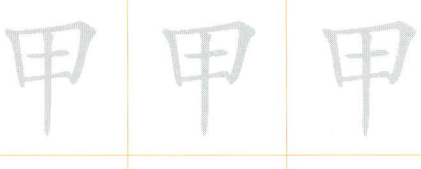 略 略 略 略 略 略 略 略 略 略 略

略　略　略

간략할 략　간략할 략　간략할 략

간략할 략
(田부 총 11획)

略圖*(약도) : 어떤 집이나 장소를 나타내기 위해 그곳에 이르는 길과 중요 지점만을 간단하게 그린 그림.　　　*그림 도

예 略圖를 보고 약속 장소를 찾아갔습니다.

留

留留留留留留留留留留留

留　留　留

머무를 류　머무를 류　머무를 류

머무를 류
(田부 총 10획)

留學(유학) : 외국에 가서 그곳에 머물러 있으면서 공부함.　　　*배울 학

예 삼촌은 독일에 留學하여 박사 학위를 받으셨습니다.

申					
 납 신 (田부 총 5획)	申 申 申 申 申				
	申	申	申		
	납 신	납 신	납 신		

申告*(신고) : 국민이 법에 정해진 대로 일정한 사실을 관청에 알리는 일.   *고할 고
예 경찰은 주민의 申告를 받고 긴급 출동하였습니다.

異					
다를 이 (田부 총 11획)	異 異 異 異 異 異 異 異 異 異 異				
	異	異	異		
	다를 이	다를 이	다를 이		

異見*(이견) : 어떤 의견과 대립되는 다른 의견.   *볼 견
예 좋은 일을 하자는 데는 異見이 없었습니다.

田					
밭 전 (田부 총 5획)	田 田 田 田 田				
	田	田	田		
	밭 전	밭 전	밭 전		

田園*(전원) : 논과 밭이 있고 주위의 환경이 아름다운 곳.   *동산 원
예 아버지는 정년퇴직 후 田園 생활을 하고 계십니다.

痛					
广부 아플 통 (广부 총 12획)	痛 痛 痛 痛 痛 痛 痛 痛 痛 痛 痛 痛				
	痛	痛	痛		
	아플 통	아플 통	아플 통		

痛歎*(통탄) : 몹시 가슴이 아프거나 한심하게 여겨 탄식함.   *탄식할 탄
예 자신의 억울한 누명을 痛歎했습니다.

疲

疲 疲 疲 疲 疲 疲 疲 疲 疲 疲

疲 疲 疲

피곤할 피
(广부 총 10획)

피곤할 피　피곤할 피　피곤할 피

疲勞* (피로) : 지나치게 일을 많이 하여 몸이나 정신이 지쳐 고단함.　　　*일할 로

예 밤을 꼬박 새웠더니 몹시 疲勞하였습니다.

目부

看

看 看 看 看 看 看 看 看 看

看 看 看

볼 간
(目부 총 9획)

볼 간　　볼 간　　볼 간

看過* (간과) : 어떤 일이나 문제점을 주의를 기울이지 않고 보아 넘기는 것.　　*지날 과

예 당신의 능력을 看過하지 마십시오.

督

督 督 督 督 督 督 督 督 督 督 督 督 督

督 督 督

감독할 독
(目부 총 13획)

감독할 독　감독할 독　감독할 독

監督* (감독) : 어떤 일을 잘못되지 않게 살피고 지도함.　　　*볼 감

예 이번 사고는 監督 소홀로 일어났습니다.

眼

眼 眼 眼 眼 眼 眼 眼 眼 眼 眼 眼

眼 眼 眼

눈 안
(目부 총 11획)

눈 안　　눈 안　　눈 안

眼科* (안과) : 눈에 생기는 병을 치료하는 분야.　　　*과정 과

예 눈이 아파 眼科에 갔습니다.

眞 眞 眞 眞 眞 眞 眞 眞 眞 眞

眞

참 진
(目부 총 10획)

眞 眞 眞

참 진 참 진 참 진

眞實 *(진실) : 거짓이 없이 바르고 참됨.   *열매 실
예 그는 眞實만을 말할 것을 맹세했습니다.

石부

碑 碑 碑 碑 碑 碑 碑 碑 碑 碑 碑 碑 碑

碑

비석 비
(石부 총 13획)

碑 碑 碑

비석 비 비석 비 비석 비

碑石 *(비석) : 어떤 인물의 공적이나 역사적인 사실 등을 새겨 세워 놓은 돌.   *돌 석
예 마을 입구에는 큰 碑石이 하나 서 있었습니다.

研 研 研 研 研 研 研 研 研 研 研

研

갈 연
(石부 총 11획)

研 研 研

갈 연 갈 연 갈 연

研究 *(연구) : 어떤 일이나 대상을 깊이 조사하고 생각하여 이치나 사실을 밝혀 내는 일.   *연구할 구
예 많은 과학자들이 우주에 관해 研究하고 있습니다.

破 破 破 破 破 破 破 破 破 破

破

깨뜨릴 파
(石부 총 10획)

破 破 破

깨뜨릴 파 깨뜨릴 파 깨뜨릴 파

破局 *(파국) : 일이나 사태가 잘못되어 돌이킬 수 없게 되어 버린 상태.   *판 국
예 조그만 오해가 두 사람의 관계를 破局으로 몰아넣었습니다.

砲

砲 砲 砲 砲 砲 砲 砲 砲 砲 砲

砲 砲 砲

대포 **포**
(石부 총 10획)

대포 포　대포 포　대포 포

砲彈*(포탄) : 대포의 탄환.　　　　　　　　　　*탄알 탄
예) 날아가는 砲彈을 찍은 사진을 보았습니다.

確

確 確 確 確 確 確 確 確 確 確 確 確 確 確 確

確 確 確

굳을 **확**
(石부 총 15획)

굳을 확　굳을 확　굳을 확

確信*(확신) : 확실하게 믿음.　　　　　　　　　　*믿을 신
예) 나는 이 일이 성공할 것이라는 確信을 가지고 있습니다.

示부

禁

禁 禁 禁 禁 禁 禁 禁 禁 禁 禁 禁 禁 禁

禁 禁 禁

금할 **금**
(示부 총 13획)

금할 금　금할 금　금할 금

禁止*(금지) : 어떤 일을 법이나 규정이나 지시 등으로 하지 못하게 함.　　*그칠 지
예) 이곳은 통행 禁止 구역입니다.

秘

秘 秘 秘 秘 秘 秘 秘 秘 秘 秘 秘

秘 秘 秘

숨길 **비**
(示부 총 10획)

숨길 비　숨길 비　숨길 비

秘密*(비밀) : 남이 알아서는 안 되는 일의 내용.　　　　　*빽빽할 밀
예) 친구와 나는 이 일을 둘만의 秘密로 하기로 약속했습니다.

祭	祭	祭	祭	祭	祭	祭	祭	祭	祭	祭
祭 제사 제 (示부 총 11획)	祭	祭	祭			
	제사 제	제사 제	제사 제			

祭**物**(제물) : 제사에 쓰이는 음식.　　　　　　　　　　　　　*물건 물

예 옛날 사람들은 산 동물을 신에게 祭物로 바쳤습니다.

票	票	票	票	票	票	票	票	票	票	票
票 표 표 (示부 총 11획)	票	票	票			
	표 표	표 표	표 표			

票**決**(표결) : 투표로써 결정하는 것.　　　　　　　　　　　　　*결단할 결

예 토의는 이것으로 끝내고 票決에 부치겠습니다.

禾부

穀	穀	穀	穀	穀	穀	穀	穀	穀	穀	穀	穀	穀	穀	穀
穀 곡식 곡 (禾부 총 15획)	穀	穀	穀			
	곡식 곡	곡식 곡	곡식 곡			

穀**物**(곡물) : 벼·보리·콩·수수·조 등의 농작물.　　　　　　　　*물건 물

예 외국에서 穀物을 대량으로 수입했습니다.

私	私	私	私	私	私	私
私 사사로울 사 (禾부 총 7획)	私	私	私			
	사사로울 사	사사로울 사	사사로울 사			

私**立**(사립) : 개인이나 민간단체가 세워서 운영하는 일.　　　　　*설 립

예 나는 私立 초등학교에 다닙니다.

税 税 税 税 税 税 税 税 税 税 税 税

税
세금 **세**
(禾부 총 12획)

税 税 税

세금 세　세금 세　세금 세

税金(세금) : 나라에서 쓰는 비용을 마련하기 위해 국민으로부터 거두어들이는 돈.
예 국민이 낸 税金을 낭비하면 안 됩니다.

*쇠 금

秀 秀 秀 秀 秀 秀 秀

秀
빼어날 **수**
(禾부 총 7획)

秀 秀 秀

빼어날 수　빼어날 수　빼어날 수

秀作(수작) : 뛰어난 작품.
예 올해 응모 작품에는 秀作들이 많았습니다.

*지을 작

移 移 移 移 移 移 移 移 移 移 移

移
옮길 **이**
(禾부 총 11획)

移 移 移

옮길 이　옮길 이　옮길 이

移動(이동) : 사람이나 동물이 움직여서 자리를 옮김.
예 철새들이 남쪽으로 移動하기 시작했습니다.

*움직일 동

積 積 積 積 積 積 積 積 積 積 積 積 積 積 積

積
쌓을 **적**
(禾부 총 16획)

積 積 積

쌓을 적　쌓을 적　쌓을 적

積金(적금) : 돈을 모아 두는 것.
예 어머니는 매달 積金을 붓습니다.

*쇠 금

程	程 程 程 程 程 程 程 程 程 程 程 程
	程 程 程
길 정	
(禾부 총 12획)	길 정　　길 정　　길 정

程*度 (정도) : 얼마만큼의 분량이나 수준.　　　　　　　　　　　　　　*법도 도
예 집에서 학교까지는 걸어서 10분 程度 걸립니다.

稱	稱 稱 稱 稱 稱 稱 稱 稱 稱 稱 稱 稱 稱 稱
	稱 稱 稱
일컬을 칭	
(禾부 총 14획)	일컬을 칭　일컬을 칭　일컬을 칭

稱*號 (칭호) : 명예나 어떤 지위를 나타내는 뜻으로 일컫는 이름.　　　　　*이름 호
예 그는 '국민 가수' 라는 영예로운 稱號를 얻었습니다.

穴부

究	究 究 究 究 究 究 究
	究 究 究
연구할 구	
(穴부 총 7획)	연구할 구　연구할 구　연구할 구

探*究 (탐구) : 진리나 학문 등을 깊이 연구함.　　　　　　　　　　　　　*찾을 탐
예 그는 진리를 探究하는 데 일생을 바쳤습니다.

窮	窮 窮 窮 窮 窮 窮 窮 窮 窮 窮 窮 窮 窮 窮 窮
	窮 窮 窮
다할 궁	
(穴부 총 15획)	다할 궁　　다할 궁　　다할 궁

窮*地 (궁지) : 더 이상 피하거나 헤쳐 나가기 어렵게 된 형편.　　　　　　*땅 지
예 쥐도 窮地에 몰리면 고양이를 무는 법입니다.

立부

端

端端端端端端端端端端端端端端

端 端 端

끝단 끝단 끝단

끝 **단**
(立부 총 14획)

端的(단적) : 간단하고도 분명한 것.　　*과녁 적

예 端的으로 말하면, 그는 정직하지 못한 사람입니다.

竹부

簡

簡簡簡簡簡簡簡簡簡簡簡簡簡簡簡簡簡簡

簡 簡 簡

간략할 간 간략할 간 간략할 간

간략할 **간**
(竹부 총 18획)

簡便(간편) : 간단하고 편리함.　　*편할 편

예 인스턴트식품은 조리하기가 簡便합니다.

管

管管管管管管管管管管管管管管

管 管 管

대롱 관 대롱 관 대롱 관

대롱 **관**
(竹부 총 14획)

血管(혈관) : 피가 흐르는 몸속의 관.　　*피 혈

예 나이가 먹을수록 노폐물이 쌓여 血管이 막히기 쉽습니다.

筋

筋筋筋筋筋筋筋筋筋筋筋筋

筋 筋 筋

힘줄 근 힘줄 근 힘줄 근

힘줄 **근**
(竹부 총 12획)

筋肉(근육) : 사람이나 동물이 힘을 쓰고 몸을 움직이는 데 쓰이는 살의 조직.　　*고기 육

예 팔에 筋肉을 만들기 위해 열심히 운동을 했습니다.

範	範範範範範範範範範範範範範範範
	範 範 範
법 범	
(竹부 총 15획)	법범 법범 법범

範*圍(범위) : 정해진 구역의 테두리.   *에워쌀 위
예 선생님께서 시험 範圍를 알려주셨습니다.

笑	笑 笑 笑 笑 笑 笑 笑 笑 笑 笑
	笑 笑 笑
웃음 소	
(竹부 총 10획)	웃음 소 웃음 소 웃음 소

*談笑(담소) : 좋은 분위기에서 웃으면서 이야기를 나눔.   *말씀 담
예 할아버지는 노인정에서 친구들과 談笑를 나누고 계십니다.

籍	籍籍籍籍籍籍籍籍籍籍籍籍籍籍籍
	籍 籍 籍
문서 적	
(竹부 총 20획)	문서 적 문서 적 문서 적

書籍*(서적) : 책.   *글 서
예 이 서점은 외국 書籍을 전문으로 취급합니다.

竹	竹 竹 竹 竹 竹 竹
	竹 竹 竹
대 죽	
(竹부 총 6획)	대죽 대죽 대죽

竹刀*(죽도) : 검도에서, 길고 두꺼운 네 개의 대쪽을 묶어 칼 대신 쓰는 도구.   *칼 도
예 竹刀의 기본 동작을 배웠습니다.

築

쌓을 축
(竹부 총 16획)

築築築築築築築築築築築築築築築

築	築	築		
쌓을 축	쌓을 축	쌓을 축		

*築造(축조) : 쌓아서 만듦.   *지을 조

예 방파제 築造 공사가 끝나 넓은 농토를 얻게 되었습니다.

篇

책 편
(竹부 총 15획)

篇篇篇篇篇篇篇篇篇篇篇篇篇篇篇

篇	篇	篇		
책 편	책 편	책 편		

*長篇(장편) : 소설, 영화 등에서 길이가 긴 형태.   *긴 장

예 나는 단편 소설보다는 長篇 소설을 좋아합니다.

米부

糧

양식 량
(米부 총 18획)

糧糧糧糧糧糧糧糧糧糧糧糧糧糧糧糧糧

糧	糧	糧		
양식 량	양식 량	양식 량		

*糧食(양식) : 살아가는 데 필요한 곡식.   *밥 식

예 책은 마음의 糧食 입니다.

粉

가루 분
(米부 총 10획)

粉粉粉粉粉粉粉粉粉粉粉

粉	粉	粉		
가루 분	가루 분	가루 분		

*粉食(분식) : 주로 밀가루를 재료로 하여 만든 국수, 빵 등의 음식.   *밥 식

예 점심은 간단히 粉食 으로 하기로 했습니다.

精 精 精 精 精 精 精 精 精 精 精 精 精 精

精
정할 정
(米部 총 14획)

精 精 精
정할 정　정할 정　정할 정

精神(정신) : 사물을 생각하고 느끼는 능력.
예 아침 일찍 일어나 맑은 精神으로 공부를 하면 좋습니다.
*귀신 신

糸부

經 經 經 經 經 經 經 經 經 經 經 經 經 經

經
글 경
(糸部 총 13획)

經 經 經
글 경　　글 경　　글 경

經驗(경험) : 어떤 일을 직접 겪어 보거나 실제로 해 보는 것.
예 아직은 經驗이 부족하여 일하는 게 서툴렀습니다.
*시험 험

系 系 系 系 系 系 系

系
이을 계
(糸部 총 2획)

系 系 系
이을 계　이을 계　이을 계

系統(계통) : 성질이나 기능이 같은 종류에 속하는 것.
예 나는 예술 系統에서 일하고 싶습니다.
*거느릴 통

繼 繼 繼 繼 繼 繼 繼 繼 繼 繼 繼 繼 繼 繼 繼 繼 繼 繼 繼

繼
이을 계
(人部 총 2획)

繼 繼 繼
이을 계　이을 계　이을 계

繼續(계속) : 어떤 일이나 현상이 끊이지 않고 이어지거나 이어지게 함.
예 비가 밤새도록 繼續 내렸습니다.
*이을 속

| 紀 | 紀 | 紀 | 紀 | 紀 | 紀 | 紀 | 紀 | 紀 |

紀
벼리 기
(糸부 총 9획)

| 紀 | 紀 | 紀 | | |
| 벼리 기 | 벼리 기 | 벼리 기 | | |

紀念*(기념) : 특별하거나 뜻 깊은 일을 기억하여 잊히지 않게 함.　　　　*생각 념
예 설악산에 온 紀念으로 사진을 찍었습니다.

| 納 | 納 | 納 | 納 | 納 | 納 | 納 | 納 | 納 | 納 |

納
들일 납
(糸부 총 10획)

| 納 | 納 | 納 | | |
| 들일 납 | 들일 납 | 들일 납 | | |

納品*(납품) : 주문을 받은 상품을 주문한 곳에 갖다 줌.　　　　*물건 품
예 그 회사는 학교에 과학 실험 기구를 納品하고 있습니다.

| 絲 | 絲 | 絲 | 絲 | 絲 | 絲 | 絲 | 絲 | 絲 | 絲 | 絲 | 絲 |

絲
실 사
(糸부 총 12획)

| 絲 | 絲 | 絲 | | |
| 실 사 | 실 사 | 실 사 | | |

*鐵絲(철사) : 가늘고 긴 금속의 줄.　　　　*쇠 철
예 가는 鐵絲를 이용하여 자동차 문을 열었습니다.

| 細 | 細 | 細 | 細 | 細 | 細 | 細 | 細 | 細 | 細 |

細
가늘 세
(糸부 총 11획)

| 細 | 細 | 細 | | |
| 가늘 세 | 가늘 세 | 가늘 세 | | |

細*心(세심) : 작은 일에도 꼼꼼하게 주의를 기울여 빈틈이 없음.　　　　*마음 심
예 할머니는 나를 細心하게 보살펴 주셨습니다.

素 素 素 素 素 素 素 素 素 素

素
본디 소
(糸部 총 10획)

素 素 素
본디 소 | 본디 소 | 본디 소

素材*(소재) : 작품의 내용이나 주제로 다루는 사실이나 사물.   *재목 재
예 농촌 생활을 素材로 글을 썼습니다.

續 續 續 續 續 續 續 續 續 續 續 續 續 續 續 續

續
이을 속
(糸部 총 21획)

續 續 續
이을 속 | 이을 속 | 이을 속

續出*(속출) : 어떤 일들이 잇달아 생김.   *날 출
예 이번 올림픽에서 세계 신기록이 續出하고 있습니다.

純 純 純 純 純 純 純 純 純 純

純
순수할 순
(糸部 총 10획)

純 純 純
순수할 순 | 순수할 순 | 순수할 순

純潔*(순결) : 몸과 마음이 순수하고 깨끗함.   *깨끗할 결
예 영화 속 주인공의 純潔한 사랑에 관객들은 깊은 감동을 받았습니다.

緣 緣 緣 緣 緣 緣 緣 緣 緣 緣 緣 緣 緣 緣 緣

緣
인연 연
(糸部 총 15획)

緣 緣 緣
인연 연 | 인연 연 | 인연 연

緣分*(연분) : 사람들 사이에 맺어지는 깊은 관계.   *나눌 분
예 우연한 緣分으로 그들 내외와 삼십 년 전에 만났습니다.

績 績 績 績 績 績 績 績 績 績 績 績 績 績 績 績

績
길쌈 적
(糸부 총 17획)

績 績 績
길쌈 적 길쌈 적 길쌈 적

成績(성적) : 어떤 일을 하고 난 후의 결과. *이룰 성
예 이 학교는 成績이 우수한 학생만 입학할 수 있습니다.

絶 絶 絶 絶 絶 絶 絶 絶 絶 絶 絶 絶

絶
끊을 절
(糸부 총 12획)

絶 絶 絶
끊을 절 끊을 절 끊을 절

絶交(절교) : 서로 사귀던 사람들이 교제를 끊음. *사귈 교
예 나는 친구에게 絶交를 선언하였습니다.

組 組 組 組 組 組 組 組 組 組 組

組
짤 조
(糸부 총 11획)

組 組 組
짤 조 짤 조 짤 조

組立(조립) : 여러 부품들을 하나의 물건으로 짜 맞춤. *설 립
예 동생은 장난감 로봇을 組立하고 있습니다.

織 織 織 織 織 織 織 織 織 織 織 織 織

織
짤 직
(糸부 총 18획)

織 織 織
짤 직 짤 직 짤 직

織物(직물) : 실로 짠 천. *물건 물
예 이 織物은 양털처럼 부드럽습니다.

總	總	總	總	總	總	總	總	總	總	總	總
總		總		總							
다 총		다 총		다 총							

다 총
(糸부 총 17획)

總額* (총액) : 돈을 모두 합한 액수.
예 예금 總額이 얼마인지 궁금했습니다.
*이마 액

縮	縮	縮	縮	縮	縮	縮	縮	縮	縮	縮	縮
縮		縮		縮							
줄일 축		줄일 축		줄일 축							

줄일 축
(糸부 총 17획)

縮小* (축소) : 본래의 것을 줄여서 작게 함.
예 사장은 회사 규모를 縮小하였습니다.
*작을 소

統	統	統	統	統	統	統	統	統	統	統	統
統		統		統							
거느릴 통		거느릴 통		거느릴 통							

거느릴 통
(糸부 총 12획)

統合* (통합) : 둘 이상의 기구나 조직 등을 하나로 모아 합침.
예 그 두 정당은 서로 統合하기로 했습니다.
*합할 합

紅	紅	紅	紅	紅	紅	紅	紅	紅
紅		紅		紅				
붉을 홍		붉을 홍		붉을 홍				

붉을 홍
(糸부 총 9획)

紅海* (홍해) : 아프리카 북동부와 아라비아 반도 사이에 있는 바다.
예 선생님은 紅海를 가른 모세 이야기를 해 주었습니다.
*바다 해

四부

羅
벌릴 라
(罒부 총 19획)

羅 羅 羅 羅 羅 羅 羅 羅 羅 羅 羅 羅 羅 羅

羅 羅 羅

벌릴 라 벌릴 라 벌릴 라

羅列(나열) : 여러 가지 비슷한 물건이나 내용을 죽 늘어놓음.   *벌일 렬

예 찰흙으로 만든 작품들을 교실 뒤에 죽 羅列해 놓았습니다.

罰
벌할 벌
(罒부 총 14획)

罰 罰 罰 罰 罰 罰 罰 罰 罰 罰 罰 罰 罰 罰

罰 罰 罰

벌할 벌 벌할 벌 벌할 벌

罰金(벌금) : 벌로 내게 하는 돈.   *쇠 금

예 교통 법규를 위반하여 罰金을 물었습니다.

置
둘 치
(罒부 총 13획)

置 置 置 置 置 置 置 置 置 置 置 置 置

置 置 置

둘 치 둘 치 둘 치

置重(치중) : 어떤 것에 특히 중점을 둠.   *무거울 중

예 작은 일에 置重하다가 큰일을 망칠 수 있습니다.

羊부

群
무리 군
(羊부 총 13획)

群 群 群 群 群 群 群 群 群 群 群 群 群

群 群 群

무리 군 무리 군 무리 군

群衆(군중) : 한곳에 무리를 지어 모인 많은 사람들.   *무리 중

예 대회장에 수천 명의 群衆이 모여들었습니다.

羊	羊 羊 羊 羊 羊 羊					
	羊	羊	羊			
양 양 (羊부 총 6획)	양 양	양 양	양 양			

羊毛*(양모) : 양의 털.   *털 모
예 크리스마스 선물로 羊毛로 짠 조끼를 받았습니다.

義	義 義 義 義 義 義 義 義 義 義 義 義					
	義	義	義			
옳을 의 (羊부 총 13획)	옳을 의	옳을 의	옳을 의			

義理*(의리) : 사람으로서 지키거나 따라야 할 바른 도리.   *다스릴 리
예 그는 끝까지 義理를 지켰습니다.

耳부 聖	聖 聖 聖 聖 聖 聖 聖 聖 聖 聖 聖 聖 聖					
	聖	聖	聖			
성인 성 (耳부 총 13획)	성인 성	성인 성	성인 성			

聖人*(성인) : 덕과 지혜가 뛰어나 길이 우러러 본받을 만한 사람.   *사람 인
예 세계 4대 聖人은 예수, 소크라테스, 공자, 석가모니입니다.

聲	聲 聲 聲 聲 聲 聲 聲 聲 聲 聲 聲 聲 聲 聲 聲 聲 聲					
	聲	聲	聲			
소리 성 (耳부 총 17획)	소리 성	소리 성	소리 성			

聲樂*(성악) : 목소리로써 표현하는 음악.   *즐거울 락
예 이모는 외국에서 聲樂을 공부하고 왔습니다.

職 職 職 職 職 職 職 職 職 職 職 職 職 職 職 職 職 職

職
職 職 職
직분 **직**
(耳部 총 18획)
직분 직　직분 직　직분 직

職業(직업) : 생활을 꾸려 나가기 위해 매일 하는 일.　*일 업
예 職業에는 귀천이 없습니다.

聽 聽 聽 聽 聽 聽 聽 聽 聽 聽 聽 聽 聽 聽 聽 聽 聽 聽

聽
聽 聽 聽
들을 **청**
(耳部 총 22획)
들을 청　들을 청　들을 청

聽力(청력) : 귀로 소리를 듣는 능력.　*힘 력
예 눈이 나쁜 사람들은 聽力이 좋습니다.

肉부
脈 脈 脈 脈 脈 脈 脈 脈 脈 脈

脈
脈 脈 脈
줄기 **맥**
(肉部 총 10획)
줄기 맥　줄기 맥　줄기 맥

山脈(산맥) : 여러 산들이 길게 이어져 줄기를 이루고 있는 지대.　*메 산
예 지도를 보면서 우리나라의 강과 山脈을 알아보았습니다.

背 背 背 背 背 背 背 背 背 背

背
背 背 背
등 **배**
(肉部 총 9획)
등 배　등 배　등 배

背信(배신) : 믿음과 의리를 배반함.　*믿을 신
예 독립 운동을 하던 그는 동지의 背信으로 체포당했습니다.

肉
肉 肉 肉 肉 肉 肉

肉 肉 肉

고기 육
(肉部 총 6획)

고기 육 고기 육 고기 육

肉*食 (육식) : 음식으로 고기를 먹음.

예 나는 肉食을 좋아합니다.

*밥 식

腸
腸 腸 腸 腸 腸 腸 腸 腸 腸 腸 腸 腸 腸

腸 腸 腸

창자 장
(肉部 총 13획)

창자 장 창자 장 창자 장

*大腸 (대장) : 큰창자.

예 올바른 식습관으로 大腸암을 예방할 수 있습니다.

*큰 대

脫
脫 脫 脫 脫 脫 脫 脫 脫 脫 脫 脫

脫 脫 脫

벗을 탈
(肉部 총 11획)

벗을 탈 벗을 탈 벗을 탈

脫出* (탈출) : 자유롭지 못하거나 위험한 곳에서 벗어남.

예 그는 화재 현장에서 가까스로 脫出하여 살아났습니다.

*날 출

胞
胞 胞 胞 胞 胞 胞 胞 胞 胞

胞 胞 胞

세포 포
(肉部 총 9획)

세포 포 세포 포 세포 포

*同胞 (동포) : 한 나라나 같은 민족에 속하는 사람.

예 중국에 여행을 가서 그곳에 살고 있는 우리 同胞들을 만났습니다.

*한가지 동

至부

至

이를 지
(至부 총 6획)

至 至 至 至 至 至

至 至 至

이를 지 　 이를 지 　 이를 지

至極(지극) : 정성이나 사랑이 더할 나위 없이 큼. 　 *극진할 극

예 그는 늙은 부모를 至極한 정성으로 모셨습니다.

臼부

與

더불 여
(臼부 총 14획)

與 與 與 與 與 與 與 與 與 與 與 與 與 與

與 與 與

더불 여 　 더불 여 　 더불 여

與黨(여당) : 정부의 편을 들거나 정권을 잡고 있는 정당. 　 *무리 당

예 이번 선거에서 與黨은 야당에 압도적인 승리를 거두었습니다.

興

일어날 흥
(臼부 총 2획)

興 興 興 興 興 興 興 興 興 興 興 興 興 興 興 興

興 興 興

일어날 흥 　 일어날 흥 　 일어날 흥

興味(흥미) : 어떤 일이나 대상에 마음이 끌려 알고 싶거나 관심을 가지게 되는 감정. 　 *맛 미

예 수학 공부에 점점 興味를 느끼게 되었습니다.

舟부

航

배 항
(舟부 총 10획)

航 航 航 航 航 航 航 航 航 航

航 航 航

배 항 　 배 항 　 배 항

航海(항해) : 배를 타고 바다 위를 다님. 　 *바다 해

예 선원들은 폭풍우와 싸우며 계속 航海하였습니다.

藝
재주 **예**
(艸부 총 19획)

藝 藝 藝 藝 藝 藝 藝 藝 藝 藝 藝 藝 藝 藝 藝 藝 藝 藝

藝 藝 藝

재주 예 재주 예 재주 예

藝術*(예술) : 생각하고 느끼는 것을 글과 그림, 영상 등으로 아름답게 표현하는 일.   *재주 술

예 위대한 藝術은 우리에게 한없는 기쁨과 위안을 가져다줍니다.

蓄
모을 **축**
(艸부 총 14획)

蓄 蓄 蓄 蓄 蓄 蓄 蓄 蓄 蓄 蓄 蓄 蓄 蓄 蓄

蓄 蓄 蓄

모을 축 모을 축 모을 축

蓄積*(축적) : 지식, 경험, 돈 등을 모아서 쌓음.   *쌓을 적

예 그 선수는 많은 경기를 통해 풍부한 경험을 蓄積했습니다.

華
빛날 **화**
(艸부 총 12획)

華 華 華 華 華 華 華 華 華 華 華 華

華 華 華

빛날 화 빛날 화 빛날 화

華麗*(화려) : 겉모양이 빛나고 아름다움.   *고울 려

예 영화배우들의 생활은 겉으로는 華麗해 보입니다.

處
곳 **처**
(虍부 총 11획)

處 處 處 處 處 處 處 處 處 處 處

處 處 處

곳 처 곳 처 곳 처

處所(처소) : 사람이 임시로 살거나 머무르는 곳.   *바 소

예 회사와 가까운 곳에 處所를 마련했습니다.

虛
빌 허
(虍부 총 12획)

虛虛虛虛虛虛虛虛虛虛虛虛

虛 虛 虛
빌 허　빌 허　빌 허

虛空(허공) : 텅 빈 공중.　　　　　　　　　　　　　　　*빌 공
예 새는 훨훨 날아 虛空 속으로 사라졌습니다.

行부

街
거리 가
(行부 총 12획)

街街街街街街街街街街街街

街 街 街
거리 가　거리 가　거리 가

街頭(가두) : 도시의 거리.　　　　　　　　　　　　　　*머리 두
예 街頭에서 시위를 벌였습니다.

衛
지킬 위
(行부 총 15획)

衛衛衛衛衛衛衛衛衛衛衛衛衛衛

衛 衛 衛
지킬 위　지킬 위　지킬 위

衛生(위생) : 건강을 지키고 병을 예방하는 조건을 갖추거나 대책을 세우는 일.　*날 생
예 여름철에는 식품 衛生에 특히 주의해야 합니다.

衣부

複
겹칠 복
(衣부 총 14획)

複複複複複複複複複複複複複複

複 複 複
겹칠 복　겹칠 복　겹칠 복

複合(복합) : 둘 이상의 요소가 한데 섞여 있음.　　　　　　*합할 합
예 그 사고는 여러 가지 원인이 複合되어 일어났습니다.

裝 裝 裝 裝 裝 裝 裝 裝 裝 裝 裝 裝 裝

裝 裝 裝

꾸밀 장
(衣部 총 13획)

꾸밀 장 꾸밀 장 꾸밀 장

裝備(장비) : 어떤 일을 할 때 맨몸으로는 하기 어려워 몸에 지니거나 갖추어야 하는 물건.

*갖출 비

예 등산 裝備를 모두 구입하였습니다.

製 製 製 製 製 製 製 製 製 製 製 製 製 製

製 製 製

지을 제
(衣部 총 14획)

지을 제 지을 제 지을 제

製造(제조) : 원료를 가공하여 기술적으로 제품을 만듦.

*지을 조

예 이 공장은 자동차 부품을 製造합니다.

見부

覺 覺 覺 覺 覺 覺 覺 覺 覺 覺 覺 覺 覺 覺 覺 覺 覺 覺

覺 覺 覺

깨달을 각
(見부 총 20획)

깨달을 각 깨달을 각 깨달을 각

覺性(각성) : 자기의 할 일이나 잘못을 깨달아 정신을 차림.

*성품 성

예 깊이 覺性하고 다시는 거짓말을 하지 마십시오.

覽 覽 覽 覽 覽 覽 覽 覽 覽 覽 覽 覽 覽 覽 覽 覽

覽 覽 覽

볼 람
(見부 총 21획)

볼 람 볼 람 볼 람

觀覽(관람) : 연극, 영화, 운동 경기, 전람회 등을 구경함.

*볼 관

예 우리 가족은 모두 함께 영화 觀覽을 하였습니다.

視 視 視 視 視 視 視 視 視 視 視 視

視
視 視 視

볼 시
(見부 총 12획)

視 視 視

볼시　볼시　볼시

視力*(시력) : 눈으로 물체를 볼 수 있는 능력.
　＊힘 력
예 視力이 나빠져 안경을 쓰게 되었습니다.

角부

解 解 解 解 解 解 解 解 解 解 解 解 解

解

解 解 解

풀 해
(角부 총 13획)

풀해　풀해　풀해

解決(해결) : 어려운 일이나 사건 등을 만족스럽게 처리함.
　＊결단할 결
예 내 친구는 어떤 문제든 척척 解決합니다.

言부

講 講 講 講 講 講 講 講 講 講 講 講 講 講 講

講

講 講 講

강론할 강
(言부 총 17획)

강론할 강　강론할 강　강론할 강

講堂*(강당) : 강연이나 행사를 하기 위해 많은 사람이 들어갈 수 있도록 특별히 마련한 큰 방.
　＊집 당
예 전교생이 講堂에 모여 합창 연습을 했습니다.

警 警 警 警 警 警 警 警 警 警 警 警 警 警

警

警 警 警

깨우칠 경
(言부 총 20획)

깨우칠 경　깨우칠 경　깨우칠 경

警告(경고) : 잘못되었거나 위험한 일에 대해 하지 말게 또는 조심하라고 알림.
　＊알릴 고
예 아버지는 의사로부터 담배를 끊으라는 警告를 받았습니다.

論

論 論 論 論 論 論 論 論 論 論 論 論 論 論 論

論 論 論

논할 론
(言부 총 15획)

논할 론　논할 론　논할 론

論理(논리) : 생각이나 주장을 펼치는 데 이치에 맞게 이끌어 가는 과정이나 원칙.　　　*다스릴 리

예 그 학생은 論理에 맞게 자신의 생각을 말했습니다.

訪

訪 訪 訪 訪 訪 訪 訪 訪 訪 訪 訪

訪 訪 訪

찾을 방
(言부 총 11획)

찾을 방　찾을 방　찾을 방

訪問(방문) : 사람을 찾아가거나 찾아와 만남.　　　*물을 문

예 선생님은 학생들의 집을 일일이 訪問했습니다.

謝

謝 謝 謝 謝 謝 謝 謝 謝 謝 謝 謝 謝 謝 謝 謝 謝 謝

謝 謝 謝

사례할 사
(言부 총 17획)

사례할 사　사례할 사　사례할 사

謝過(사과) : 자기의 잘못을 인정하고 용서를 구함.　　　*지날 과

예 나는 진심으로 친구에게 謝過를 했습니다.

設

設 設 設 設 設 設 設 設 設 設 設

設 設 設

베풀 설
(言부 총 11획)

베풀 설　베풀 설　베풀 설

設立(설립) : 기관이나 단체나 조직 등을 새로 세움.　　　*설 립

예 내 꿈은 동물전문병원을 設立하는 것입니다.

誠

정성 **성**
(言부 총 14획)

誠 誠 誠 誠 誠 誠 誠 誠 誠 誠 誠 誠 誠 誠

誠	誠	誠		
정성 성	정성 성	정성 성		

誠金*(성금) : 어려운 사람이나 사회적인 사업을 돕기 위해 정성으로 내는 돈. *쇠 금

예 불우 이웃 돕기 誠金 을 냈습니다.

詩

시 **시**
(言부 총 13획)

詩 詩 詩 詩 詩 詩 詩 詩 詩 詩 詩 詩 詩

詩	詩	詩		
시 시	시 시	시 시		

詩人*(시인) : 시를 전문적으로 짓는 사람. *사람 인

예 쇼팽은 '피아노의 詩人' 이라고 불립니다.

試

시험 **시**
(言부 총 13획)

試 試 試 試 試 試 試 試 試 試 試 試 試

試	試	試		
시험 시	시험 시	시험 시		

試驗*(시험) : 지식이나 기능의 정도를 알아보기 위해, 문제를 주어 풀게 하는 일. *시험 험

예 오늘 수학 試驗 을 봤습니다.

誤

그르칠 **오**
(言부 총 14획)

誤 誤 誤 誤 誤 誤 誤 誤 誤 誤 誤 誤 誤 誤

誤	誤	誤		
그르칠 오	그르칠 오	그르칠 오		

誤答*(오답) : 틀린 대답. 또는 틀린 답안. *대답 답

예 오늘 숙제는 틀린 문제를 誤答 노트에 풀어오기입니다.

謠

謠謠謠謠謠謠謠謠謠謠謠謠謠謠謠謠謠

謠	謠	謠			
노래 요	노래 요	노래 요			

노래 요
(言부 총 17획)

*童謠(동요) : 어린이들의 감정이나 생활에 맞게 지어 어린이들이 즐겨 부르는 노래.   *아이 동

예 어린이들이 큰 소리로 童謠를 부르고 있습니다.

議

議議議議議議議議議議議議議議議

議	議	議			
의논 의	의논 의	의논 의			

의논 의
(言부 총 20획)

議論*(의논) : 어떤 문제를 해결하기 위해 다른 사람과 의견을 주고받음.   *논할 론

예 그 일은 부모님과 議論해서 결정하도록 하십시오.

認

認認認認認認認認認認認認認認認

認	認	認			
알인	알인	알인			

알 인
(言부 총 14획)

認定*(인정) : 확실히 그렇다고 여김.   *정할 정

예 그의 재능은 사람들의 認定을 받았습니다.

證

證證證證證證證證證證證證證證

證	證	證			
증거 증	증거 증	증거 증			

증거 증
(言부 총 19획)

證言*(증언) : 법정에서 어떤 사실을 증명하여 말함.   *말씀 언

예 그는 법정에 나가 사건 현장에 대해 證言하였습니다.

誌 誌 誌 誌 誌 誌 誌 誌 誌 誌 誌 誌 誌 誌

誌
기록할 지
(言부 총 14획)

誌 誌 誌
기록할 지 기록할 지 기록할 지

誌面*(지면) : 글이나 그림, 사진 등이 실리는 책이나 신문의 면.   *낯 면
예 誌面을 늘려 잡지를 출간하였습니다.

讚 讚 讚 讚 讚 讚 讚 讚 讚 讚 讚 讚 讚 讚 讚 讚

讚
기릴 찬
(言부 총 26획)

讚 讚 讚
기릴 찬 기릴 찬 기릴 찬

讚美*(찬미) : 아름답고 훌륭한 것을 칭찬함.   *아름다울 미
예 이 시는 아름다운 자연을 讚美하고 있습니다.

請 請 請 請 請 請 請 請 請 請 請 請 請 請 請

請
청할 청
(言부 총 15획)

請 請 請
청할 청 청할 청 청할 청

請婚*(청혼) : 상대에게 자기와 결혼해 주기를 청함.   *혼인할 혼
예 왕자님은 공주님에게 請婚을 하였습니다.

討 討 討 討 討 討 討 討 討 討

討
칠 토
(言부 총 10획)

討 討 討
칠 토 칠 토 칠 토

討論*(토론) : 어떤 의견이나 문제에 대해 여러 사람이 옳고 그름을 따져 논의함.   *논할 론
예 그들은 안건에 대해 열띤 討論을 벌였습니다.

評	評 評 評 評 評 評 評 評 評 評 評 評				
	評	評	評		
평할 평 (言부 총 12획)	평할 평	평할 평	평할 평		

評價(평가) : 사물의 가치나 수준 등을 따지거나 측정함.   *값 가

예 고려자기는 세계적인 예술품으로 評價 되고 있습니다.

護	護 護 護 護 護 護 護 護 護 護 護 護 護 護				
	護	護	護		
도울 호 (言부 총 21획)	도울 호	도울 호	도울 호		

護國(호국) : 외적으로부터 나라를 지킴.   *나라 국

예 우리나라 불교는 護國 적 성격이 강합니다.

貝부

負	負 負 負 負 負 負 負 負 負				
	負	負	負		
질 부 (貝부 총 9획)	질 부	질 부	질 부		

負擔(부담) : 어떤 일이 자신에게 어렵고 힘들거나 짐으로 느껴지는 상태.   *멜 담

예 입장료가 너무 비싸 負擔 이 됩니다.

貧	貧 貧 貧 貧 貧 貧 貧 貧 貧 貧 貧				
	貧	貧	貧		
가난할 빈 (貝부 총 11획)	가난할 빈	가난할 빈	가난할 빈		

貧弱(빈약) : 형태나 내용이 충실하지 못하고 보잘것없음.   *약할 약

예 우리나라는 복지 시설이 아직 貧弱 합니다.

 쓰기노트

資

재물 **자**
(貝부 총 13획)

資資資資資資資資資資資資資

資　資　資

재물 자　재물 자　재물 자

資料 (자료) : 연구하거나 참고하거나 증명하는 데 바탕이 되는 기록이나 사진이나 물건.　　　*헤아릴 료

예 그 박물관은 많은 역사적 資料를 보관하고 있습니다.

賊

도적 **적**
(貝부 총 13획)

賊賊賊賊賊賊賊賊賊賊賊賊賊

賊　賊　賊

도적 적　도적 적　도적 적

海賊 (해적) : 배를 타고 다니면서, 다른 배나 해안가의 마을을 습격하여 재물을 빼앗는 도둑.　　　*바다 해

예 우리나라 어선이 海賊의 공격을 받았습니다.

賢

어질 **현**
(貝부 총 15획)

賢賢賢賢賢賢賢賢賢賢賢賢賢賢賢

賢　賢　賢

어질 현　어질 현　어질 현

賢明 (현명) : 어질고 사리에 밝음.　　　*밝을 명

예 신중히 생각하셔서 賢明한 판단을 내리십시오.

貨

재물 **화**
(貝부 총 11획)

貨貨貨貨貨貨貨貨貨貨貨

貨　貨　貨

재물 화　재물 화　재물 화

貨物 (화물) : 비행기, 자동차, 열차, 배로 운송할 때의 짐을 이르는 말.　　　*물건 물

예 貨物을 창고로 모두 옮겼습니다.

輪

바퀴 륜
(車部 총 15획)

輪 輪 輪 輪 輪 輪 輪 輪 輪 輪 輪 輪 輪 輪 輪

輪 輪 輪

바퀴 륜　바퀴 륜　바퀴 륜

輪作(윤작) : 같은 땅에 여러 가지 농작물을 해마다 바꾸어 심는 일.　　*지을 작
예 輪作은 돌려짓기라고도 합니다.

轉

구를 전
(車部 총 18획)

轉 轉 轉 轉 轉 轉 轉 轉 轉 轉 轉 轉 轉 轉 轉 轉 轉

轉 轉 轉

구를 전　구를 전　구를 전

轉學(전학) : 학생이 다니던 학교에서 다른 학교로 옮김.　　*배울 학
예 서울로 轉學 간 친구에게서 편지가 왔습니다.

達

통달할 달
(辶部 총 13획)

達 達 達 達 達 達 達 達 達 達 達 達 達

達 達 達

통달할 달　통달할 달　통달할 달

達人(달인) : 어떤 기술이나 재능이 아주 뛰어난 수준에 이른 사람.　　*사람 인
예 이 도자기는 達人의 솜씨를 잘 보여 줍니다.

逃

달아날 도
(辶部 총 10획)

逃 逃 逃 逃 逃 逃 逃 逃 逃 逃

逃 逃 逃

달아날 도　달아날 도　달아날 도

逃走(도주) : 죄지은 사람이 잡히지 않으려고 달아남.　　*달릴 주
예 범인은 경찰의 검문에 응하지 않고 逃走했습니다.

連 連 連 連 連 連 連 連 連 連

連
이을 **련**
(辵部 총 11획)

連 連 連
이을 련 이을 련 이을 련

連績(연속) : 끊이지 않고 죽 이어짐.   *이을 속
예 나는 5년 連績해서 개근을 했습니다.

邊 邊 邊 邊 邊 邊 邊 邊 邊 邊 邊 邊 邊 邊 邊 邊 邊

邊
가 **변**
(辵部 총 19획)

邊 邊 邊
가 변 가 변 가 변

海邊(해변) : 바다와 육지의 경계를 이루는 땅.   *바다 해
예 두 사람은 파도가 밀려오는 海邊을 거닐었습니다.

送 送 送 送 送 送 送 送 送 送

送
보낼 **송**
(辵部 총 10획)

送 送 送
보낼송 보낼송 보낼송

送金(송금) : 돈을 부침.   *쇠 금
예 그는 매달 부모님께 생활비를 送金해 드렸습니다.

逆 逆 逆 逆 逆 逆 逆 逆 逆 逆

逆
거스를 **역**
(辵部 총 10획)

逆 逆 逆
거스를 역 거스를 역 거스를 역

逆行(역행) : 옳은 순서나 예의에 어긋나는 행위.   *다닐 행
예 학생은 학생 신분에 逆行하는 행동을 해서는 안 됩니다.

迎

迎 迎 迎 迎 迎 迎 迎 迎

迎 迎 迎

맞을 **영**
(辵부 총 8획)

맞을 영 맞을 영 맞을 영

迎入*(영입) : 환영하여 맞아들이는 것.   *들 입
예 유능한 인재를 迎入하기 위해 애를 썼습니다.

遇

遇 遇 遇 遇 遇 遇 遇 遇 遇 遇 遇 遇

遇 遇 遇

만날 **우**
(辵부 총 13획)

만날 우 만날 우 만날 우

禮*遇(예우) : 예의를 지켜 정중히 대우하는 것.   *예도 례
예 아버지는 禮遇를 갖추어 손님을 맞이했습니다.

遊

遊 遊 遊 遊 遊 遊 遊 遊 遊 遊 遊 遊 遊

遊 遊 遊

놀 **유**
(辵부 총 13획)

놀 유 놀 유 놀 유

遊覽*(유람) : 경치 좋은 곳을 찾아 여기저기 구경하며 돌아다님.   *볼 람
예 그는 젊었을 때 세계 곳곳을 遊覽하였습니다.

遺

遺 遺 遺 遺 遺 遺 遺 遺 遺 遺 遺 遺 遺 遺 遺

遺 遺 遺

남길 **유**
(辵부 총 16획)

남길 유 남길 유 남길 유

遺言*(유언) : 죽기 전에 가족이나 가까운 사람에게 남긴 말.   *말씀 언
예 유산은 고인의 遺言에 따라 자식들에게 상속됐습니다.

適 適 適 適 適 適 適 適 適 適 適 適 適 適

適

適　適　適

맞을 적
(辵부 총 15획)

맞을 적　맞을 적　맞을 적

適*應(적응) : 어떤 상황이나 조건에 맞추어 잘 어울림.　　　　*응할 응
예 기후 변화가 심해 適應하기가 어려웠습니다.

造 造 造 造 造 造 造 造 造 造 造

造

造　造　造

지을 조
(辵부 총 11획)

지을 조　지을 조　지을 조

造*花(조화) : 종이나 헝겊 등으로 만든 꽃.　　　　*꽃 화
예 강습실 안에는 선생님이 직접 만든 造花로 가득 차 있었습니다.

進 進 進 進 進 進 進 進 進 進 進

進

進　進　進

나아갈 진
(辵부 총 12획)

나아갈 진　나아갈 진　나아갈 진

進*學(진학) : 하나의 과정을 마치고 상급 학교에 감.　　　　*배울 학
예 올바른 대학 進學을 위해서는 자신의 소질을 충분히 고려해야 합니다.

退 退 退 退 退 退 退 退 退 退

退

退　退　退

물러갈 퇴
(辵부 총 10획)

물러갈 퇴　물러갈 퇴　물러갈 퇴

退*院(퇴원) : 입원했던 사람이 병원에서 나옴.　　　　*집 원
예 의사 선생님은 내게 退院해도 좋다고 하셨습니다.

避 避 避 避 避 避 避 避 避 避 避 避 避 避 避 避

避
피할 피
(辶부 총 17획)

避 避 避

피할 피　피할 피　피할 피

避身 (피신) : 위험으로부터 몸을 숨겨 피함.　　　　　　　　　　*몸 신
예 홍수가 날지도 모르니 모두 안전한 곳으로 避身 하십시오.

邑부

郵
우편 우
(邑부 총 11획)

郵 郵 郵 郵 郵 郵 郵 郵 郵 郵 郵

郵 郵 郵

우편 우　우편 우　우편 우

郵票 (우표) : 우편 요금을 납부한 표시로 우편물에 붙이는 증표.　　　*표 표
예 내 취미는 郵票 모으기입니다.

鄕
시골 향
(邑부 총 13획)

鄕 鄕 鄕 鄕 鄕 鄕 鄕 鄕 鄕 鄕 鄕 鄕 鄕

鄕 鄕 鄕

시골 향　시골 향　시골 향

鄕土 (향토) : 자기가 태어나서 자란 땅.　　　　　　　　　　　　*흙 토
예 각 지방마다 자랑하는 鄕土 음식이 있습니다.

酉부

配
짝 배
(酉부 총 10획)

配 配 配 配 配 配 配 配 配 配

配 配 配

짝 배　짝 배　짝 배

配置 (배치) : 사람이나 물건을 알맞은 자리에 나누어 둠.　　　　　*둘 치
예 내가 원하는 대로 방 안에 가구를 配置 하였습니다.

酒

술 **주**
(酉部 총 10획)

酒酒酒酒酒酒酒酒酒酒

酒 酒 酒

술 주 / 술 주 / 술 주

酒*量(주량) : 마시고 견디어 낼 만한 정도의 술의 분량.　　　　　*헤아릴 량
예 아버지의 酒量은 소주 한 병입니다.

鏡

거울 **경**
(金部 총 19획)

鏡鏡鏡鏡鏡鏡鏡鏡鏡鏡鏡鏡鏡鏡鏡鏡鏡鏡鏡

鏡 鏡 鏡

거울 경 / 거울 경 / 거울 경

眼*鏡(안경) : 눈을 보호하거나 시력을 돕기 위해 쓰는 기구.　　　　*눈 안
예 공에 맞아 眼鏡이 깨졌습니다.

鑛

쇳돌 **광**
(金部 총 23획)

鑛鑛鑛鑛鑛鑛鑛鑛鑛鑛鑛鑛鑛鑛鑛鑛

鑛 鑛 鑛

쇳돌 광 / 쇳돌 광 / 쇳돌 광

鑛山*(광산) : 땅속에 묻힌 쓸모 있는 광물을 캐내는 곳.　　　　*메 산
예 다이아몬드 鑛山을 발견했습니다.

銅

구리 **동**
(金部 총 14획)

銅銅銅銅銅銅銅銅銅銅銅銅銅銅

銅 銅 銅

구리 동 / 구리 동 / 구리 동

青*銅(청동) : 구리와 주석을 함께 녹여 만든 금속.　　　　*푸를 청
예 어머니는 할머니께서 주신 青銅 거울을 나에게 주었습니다.

録 録 録 録 録 録 録 録 録 録 録 録 録 録 録 録

錄
기록 록
(金부 총 16획)

録 録 録

기록 록　기록 록　기록 록

錄音(녹음) : 소리를 나중에 다시 들을 수 있도록 기계 장치에 담아 둠.　　　　　　　　*소리 음
예 연주 실황을 錄音한 테이프를 어렵게 구했습니다.

鉛 鉛 鉛 鉛 鉛 鉛 鉛 鉛 鉛 鉛 鉛 鉛 鉛

鉛
납 연
(金부 총 13획)

鉛 鉛 鉛

납 연　　납 연　　납 연

鉛筆(연필) : 가늘고 짤막한 나무 막대 한가운데에 검거나 색깔이 있는 심을 박아 넣은 필기도구.　　*붓 필
예 공책에 鉛筆로 우리 가족 이름을 또박또박 썼습니다.

錢 錢 錢 錢 錢 錢 錢 錢 錢 錢 錢 錢 錢 錢 錢 錢

錢
돈 전
(金부 총 16획)

錢 錢 錢

돈 전　　돈 전　　돈 전

銅錢(동전) : 구리나 구리 합금으로 동그랗고 납작하게 만든 돈.　　　　　　　　　　　　*구리 동
예 남은 銅錢은 모두 돼지저금통에 넣었습니다.

鐘 鐘 鐘 鐘 鐘 鐘 鐘 鐘 鐘 鐘 鐘 鐘 鐘

鐘
쇠북 종
(金부 총 20획)

鐘 鐘 鐘

쇠북 종　쇠북 종　쇠북 종

打鐘(타종) : 종을 치는 일.　　　　　　　　　　　　　　　　　　　　　　　　　　*칠 타
예 새해를 알리는 打鐘 소리가 울려 퍼졌습니다.

銃 銃 銃 銃 銃 銃 銃 銃 銃 銃 銃 銃 銃 銃

銃

총 **총**
(金부 총 14획)

銃 銃 銃
총총 | 총총 | 총총

銃擊[*](총격) : 총을 쏘아 공격함.　　　　　　　　　　*칠 격
예 적에게 銃擊을 가했습니다.

針 針 針 針 針 針 針 針 針 針

針

바늘 **침**
(金부 총 10획)

針 針 針
바늘 침 | 바늘 침 | 바늘 침

針術[*](침술) : 침을 놓아 병을 치료하는 한방의 의술.　　*재주 술
예 최근 들어 針術 다이어트가 유행을 하고 있습니다.

門부

閉 閉 閉 閉 閉 閉 閉 閉 閉 閉 閉

閉

닫을 **폐**
(門부 총 11획)

閉 閉 閉
닫을 폐 | 닫을 폐 | 닫을 폐

閉會[*](폐회) : 회의나 대회 등을 마침.　　　　　　　　*모일 회
예 의장이 閉會를 선언하였습니다.

閑 閑 閑 閑 閑 閑 閑 閑 閑 閑 閑 閑

閑

한가할 **한**
(門부 총 12획)

閑 閑 閑
한가할 한 | 한가할 한 | 한가할 한

閑散[*](한산) : 붐비지 않고 한가하여 조금 쓸쓸함.　　　*흩어질 산
예 명절이라서 시내는 閑散하였습니다.

降

내릴 **강**
(阜部 총 9획)

降 降 降 降 降 降 降 降 降 降

降 降 降

내릴 강　내릴 강　내릴 강

降雪*(강설) : 눈이 내리는 것, 또는 내린 눈.　　　　　　　　　　　　　　*눈 설
예 降雪로 인하여 온 세상이 하얗게 변했습니다.

階

섬돌 **계**
(阜部 총 12획)

階 階 階 階 階 階 階 階 階 階 階 階

階 階 階

섬돌 계　섬돌 계　섬돌 계

階層*(계층) : 한 사회에서 재산, 직업, 교육 수준 등에 따라 구분되는 사람들의 집단.　　　*층 층
예 이 지역에는 부유한 階層이 많이 살고 있습니다.

隊

무리 **대**
(阜部 총 12획)

隊 隊 隊 隊 隊 隊 隊 隊 隊 隊 隊 隊

隊 隊 隊

무리 대　무리 대　무리 대

隊長*(대장) : 이름이 대로 끝나는 단체의 우두머리.　　　　　　　　　　　*어른 장
예 이번 산행 코스는 등반대 隊長이 정했습니다.

防

막을 **방**
(阜部 총 7획)

防 防 防 防 防 防 防

防 防 防

막을 방　막을 방　막을 방

防水*(방수) : 어떤 물건이 물이나 습기가 스며들지 않게 되어 있음.　　　　　　　*물 수
예 이 시계는 防水가 잘되어 물에 차고 들어가도 됩니다.

隱

隱 隱 隱 隱 隱 隱 隱 隱 隱 隱 隱 隱 隱 隱 隱 隱 隱

隱	隱	隱			
숨을 은	숨을 은	숨을 은			

숨을 은
(阜부 총 17획)

隱退 (은퇴) : 직책에서 물러나거나 공적인 사회 활동을 그만둠.　　　　　*물러날 퇴
예 그 선수는 이번 경기를 마지막으로 하여 隱退할 예정입니다.

陰

陰 陰 陰 陰 陰 陰 陰 陰 陰 陰 陰 陰

陰	陰	陰			
그늘 음	그늘 음	그늘 음			

그늘 음
(阜부 총 11획)

陰地 (음지) : 볕이 잘 들지 않는 그늘진 곳.　　　　　*땅 지
예 陰地에서도 잘 자라는 식물이 있습니다.

障

障 障 障 障 障 障 障 障 障 障 障 障 障 障

障	障	障			
막힐 장	막힐 장	막힐 장			

막힐 장
(阜부 총 14획)

障害 (장해) : 하고자 하는 일을 방해함.　　　　　*해할 해
예 그 절벽을 오르는 데에 큰 障害는 없었습니다.

除

除 除 除 除 除 除 除 除 除 除

除	除	除			
덜 제	덜 제	덜 제			

덜 제
(阜부 총 10획)

除去 (제거) : 바람직하지 않은 것을 없애버림.　　　　　*갈 거
예 논밭의 잡초를 손으로 모두 除去했습니다.

際 際 際 際 際 際 際 際 際 際 際 際 際

際 際 際

際 사이 제
(阜部 총 14획)

사이 제　사이 제　사이 제

*國際(국제) : 여러 나라가 관계되거나 참여하는 것.　　　　　　*나라 국
예 나는 國際 로봇 대회에 출전하였습니다.

陣 陣 陣 陣 陣 陣 陣 陣 陣 陣

陣 陣 陣

陣 진칠 진
(阜部 총 10획)

진칠 진　진칠 진　진칠 진

陣營*(진영) : 군대가 주둔하고 있는 곳.　　　　　　*경영할 영
예 전투에 앞서 적의 陣營 에 사절을 보냈습니다.

限 限 限 限 限 限 限 限 限

限 限 限

限 한할 한
(阜部 총 9획)

한할 한　한할 한　한할 한

限界*(한계) : 능력이나 작용이 미칠 수 있는 범위의 끝.　　　　　　*지경 계
예 사람의 능력에는 限界 가 있습니다.

險 險 險 險 險 險 險 險 險 險 險 險 險 險 險 險

險 險 險

險 험할 험
(阜部 총 16획)

험할 험　험할 험　험할 험

險惡*(험악) : 매우 험함.　　　　　　*악할 악
예 우리는 險惡 한 산길을 가까스로 올라갔습니다.

隹부

難
어려울 난
(隹부 총 19획)

難 難 難 難 難 難 難 難 難 難 難 難 難 難 難 難 難 難

難 難 難
어려울 난 | 어려울 난 | 어려울 난

難關* (난관) : 일을 가로막는 힘들고 어려운 상황.　　　　　　*관계할 관
예 그는 수많은 難關을 극복하고 마침내 에베레스트 정상에 오를 수 있었습니다.

離
떠날 리
(隹부 총 19획)

離 離 離 離 離 離 離 離 離 離 離

離 離 離
떠날 리 | 떠날 리 | 떠날 리

離別* (이별) : 오랫동안 만나지 못할 것이라 생각하고, 서로 헤어짐.　　　　　　*나눌 별
예 오늘 나는 여자 친구에게 離別을 선언했습니다.

雜
섞일 잡
(隹부 총 18획)

雜 雜 雜 雜 雜 雜 雜 雜 雜 雜 雜 雜 雜 雜 雜 雜 雜

雜 雜 雜
섞일 잡 | 섞일 잡 | 섞일 잡

雜草* (잡초) : 가꾸지 않아도 저절로 나서 자라는 여러 가지 흔한 풀.　　　　　　*풀 초
예 폐허에는 雜草만 무성히 우거져 있었습니다.

靑부

靜
고요할 정
(靑부 총 16획)

靜 靜 靜 靜 靜 靜 靜 靜 靜 靜 靜 靜 靜 靜 靜 靜

靜 靜 靜
고요할 정 | 고요할 정 | 고요할 정

靜肅* (정숙) : 조용하고 엄숙함.　　　　　　*엄숙할 숙
예 신자들이 모여 靜肅하게 예배를 드리고 있습니다.

頁부

頌
기릴 **송**
(頁部 총 13획)

頌 頌 頌 頌 頌 頌 頌 頌 頌 頌 頌 頌

頌	頌	頌		
기릴 송	기릴 송	기릴 송		

頌歌*(송가) : 공덕을 기리는 노래.
예 다 함께 크리스마스 頌歌를 불렀습니다.   *노래 가

額
이마 **액**
(頁部 총 18획)

額 額 額 額 額 額 額 額 額 額 額 額 額 額 額 額 額

額	額	額		
이마 액	이마 액	이마 액		

額子*(액자) : 그림, 사진, 글자 등을 끼워 벽에 걸거나 일정한 곳에 두기 위한 틀.
예 아버지는 가족사진을 額子에 넣어 벽에 거셨습니다.   *아들 자

顯
나타낼 **현**
(頁部 총 23획)

顯 顯 顯 顯 顯 顯 顯 顯 顯 顯 顯 顯 顯 顯 顯

顯	顯	顯		
나타낼 현	나타낼 현	나타낼 현		

具*顯(구현) : 어떤 내용을 나타내어 보이는 것.
예 정부는 복지 사회 具顯을 위해 노력하고 있습니다.   *갖출 구

食부

餘
남을 **여**
(食部 총 16획)

餘 餘 餘 餘 餘 餘 餘 餘 餘 餘 餘 餘 餘 餘 餘 餘

餘	餘	餘		
남을 여	남을 여	남을 여		

餘白*(여백) : 종이에 글씨를 쓰거나 그림을 그리고 남은 빈자리.
예 동양화는 餘白의 미를 잘 살려야 합니다.   *흰 백

馬부

驚

놀랄 경
(馬부 총 23획)

驚驚驚驚驚驚驚驚驚驚驚驚驚驚驚驚驚驚驚

驚	驚	驚			
놀랄 경	놀랄 경	놀랄 경			

驚歎*(경탄) : 사물의 훌륭함이나 대단함에 놀라 감탄함.　　　　　*탄식할 탄

예 곡예사의 아슬아슬한 묘기는 驚歎을 불러일으켰습니다.

驗

시험 험
(馬부 총 23획)

驗驗驗驗驗驗驗驗驗驗驗驗驗驗驗驗驗驗驗

驗	驗	驗			
시험 험	시험 험	시험 험			

實*驗(실험) : 과학에서 연구나 조사를 하기 위해 실제로 시험을 해 보는 일.　　　　　*열매 실

예 과학 시간에 여러 가지 實驗을 하였습니다.

骨

뼈 골
(骨부 총 10획)

骨骨骨骨骨骨骨骨骨骨

骨	骨	骨			
뼈 골	뼈 골	뼈 골			

骨折*(골절) : 뼈가 외부로부터 센 힘을 받아 부러짐.　　　　　*꺾을 절

예 교통사고로 인하여 다리가 骨折되었습니다.

黑부

黨

무리 당
(黑부 총 20획)

黨黨黨黨黨黨黨黨黨黨黨黨黨黨黨黨黨黨

黨	黨	黨			
무리 당	무리 당	무리 당			

黨派*(당파) : 정치적 목적이나 주장이 같은 사람들끼리 이룬 단체.　　　　　*갈래 파

예 黨派 싸움이 끊이질 않았습니다.

點

점 점
(黑부 총 17획)

點 點 點 點 點 點 點 點 點 點 點 點 點 點 點 點 點

點	點	點			
점 점	점 점	점 점			

點^{*}授(점수) : 성적을 나타내는 수.

예 이번 시험 點授는 좋게 나올 것 같습니다.

*줄 수

點 點 點 點 點 點 點 點 點 點 點 點 點 點 點 點 點

ㄱ